日本一わかりやすい「強みの作り方」の教科書

板坂裕治郎

KADOKAWA

はじめに

あなたの生き方に「魂からの説得力」はあるか

多くの人は、自分の願望を満たすために説得力のある「話し方」「伝え方」を身につけようとビジネス書を読んだり、セミナーを受講したりして学び、相手に動いてもらう方法を会得しようとします。

しかし、このアプローチこそが間違っているのです。

「商品・サービスの売上を伸ばしたい」

「お客さまを増やしたい」

「社内会議で企画を通したい」

「上司からもっと評価されたい」

「部下の成長を促したい」

会社員・経営者・フリーランスを問わず、働いている人は誰でも、「ああしたい」「こうしたい」という願いを持っています。

すんなりと願いが叶《かな》うこともありますが、仕事の経験を積めば積むほど、自分の願い通りに事が進むことは、なかなか起こらないのだとわかってきます。仕事に関するあらゆる願いは、自分ひとりで叶えられるものではなく、「周りの人が協力してくれるかどうか」にかかっているからです。

あなたにはあなたの都合があるように、お客さまにはお客さまの都合、会社には会社の都合、上司には上司の都合、部下には部下の都合があります。そのような中で自分の願いを叶えるためには、相手に「よしっ、こいつがそこまで言うのなら動いてやるか」と思ってもらう必要があります。

鍵となるのは「説得力」です。

「そんなことはわかっている」と感じるかもしれません。事実、それがわかっているからこそ、多くの人は、ビジネス書を読んだり、セミナーを受講したりして、説得力のある「話し方」「伝え方」を学ぶわけですが、残念ながら実を結ぶことはそうそうありません。

生半可な小手先の説得力を身につけたところで、相手はなかなか動いてくれないからです。

どう考えても理に適《かな》った、正しいことを言っているはずなのに、相手が動いてくれない。あなたにも経験があるでしょう。

人を動かすのは「話し方」や「伝え方」ではなく「魂からの説得力」です。

なぜ「この人」が、「この主張」をするのか。

「何を言うか」「どう言うか」以前の、「誰が言うか」が重要なのです。

「主張する人」と「主張する内容」に一貫性が生まれたとき、人は「この人が言うのなら」と感じ、力になろうと動きます。

「話し方」や「伝え方」なんてどうでもいい。問題は「生き方」なのです。その人自身の生き方に「魂からの説得力」があれば、人は誰でも動くし、ついてくるのです。

2000人以上の「人生逆転劇」を演出

私は中小零細弱小家業に特化した経営コンサルタントとして、倒産・破産の危機にある「人生の崖っぷち」に立たされた人間を、「金を生み出すビジネスパーソン」に変え続けてきました。その数は2000人以上。経営者や士業、ひとり社長、フリーランスなど、そのプロフィールは多岐にわたります。

彼らはなぜ「人生の崖っぷち」に追い込まれたのか。その原因は、たとえば信頼していた社員に会社のお金を持ち逃げされたり、過剰な設備投資をしたのに売上が追いつかず、資金繰りに困窮したりと、さまざまなものがあります。しかし突き詰めるとやはり、冒頭で述べたような、働く人の誰もが抱く「願い」がことごとく叶わなかったことに集約されます。

生き方がぼやけ、「魂からの説得力」を発揮できなかったがために、周りの人を動かすことができなかったのです。

ある美容室の経営者が、「お客さまが増えない。このままでは店を畳むしかない」と悩み、私のもとを訪れました。

私は彼に「そもそも、なぜ美容師になろうと思ったのか」と尋ねました。すると彼は、「お客さまをきれいにしたいと思ったから」と答えます。

そりゃ、お客さまは来ないよな……。私はそう感じました。

おそらく、すべての美容師が「お客さまをきれいにしたい」と考えていることでしょう。そして世の中には、彼より技術もセンスも優れている美容師が山ほどいます。「きれいになりたい」と考えるお客さまがわざわざ、彼の美容室を訪れる理由がありません。

彼の「お客さまをきれいにします。だから私の美容室を訪ねてください」というメッセージには、説得力がないのです。

私は、彼が美容師になった「理由」に、ひとつの引っかかりを覚えました。

「お客さまをきれいにしたい」だけならば、別に「美容師」という仕事を選ばなくてもよいでしょう。洋服店でも、エステでも、「お客さまをきれいにする」仕事はほかにもたくさんあります。

なぜ「美容師」という仕事を選んだのか。なぜ「髪」に興味を持ったのか。もう一度尋ねると、彼は静かに語り始めました。

彼は天然パーマで、子どものころにはずいぶんといじめられたのだそうです。

なんとかいじめられないようにと、彼はストレートパーマをかけるようになるのですが、「地毛がくせ毛」であることは大きなコンプレックスとして彼の心に残り続けました。

しかし10代の後半に、転機が訪れます。

ストレートパーマがとれかかった彼の髪を見て、直毛の友だちが「その髪、いいね」と褒めてくれたのです。

それまでは「直毛だったらよかったのに」「直毛になりたい」と思っていたけれど、直毛の人は自分の想いとは裏腹に、ウエーブのかかった自分のくせ毛をうらやましがって、褒めてくれる。「地毛はひとりひとりの個性だ」と気づいた彼は以降、ストレートパーマをかけるのをやめます。

そして「くせ毛でもおしゃれに見える髪型」を模索するうちに、美容師という仕事に興味を持ち、その道に進もうと決めたのでした。

抱えている「トラウマ」を、唯一無二の「強み」に転換する

話を聞いた私は、彼にある提案をしました。

店を「くせ毛専門美容院」として立て直すことです。

直毛の美容師が「くせ毛専門美容院」を経営したところで、嫌味《いやみ》にしかなりません。また、根っからのくせ毛であっても、そこにコンプレックスを一切感じたことのない美容師はやはり、くせ毛に悩む人の気持ちはわからないでしょう。

くせ毛に悩み、そのことを隠してストレートパーマをかけた過去があり、友だちの何気ない一言で「くせ毛も立派な個性なのだ」と気づき、くせ毛でもおしゃれに見える髪型を模索し続けた経験のある彼だからこそ、「くせ毛の人をおしゃれにします」というメッセージを発する価値がある。私はそう考えたのです。

彼が放つ「くせ毛の人をおしゃれにします」という主張には、「魂からの説得力」があるのです。

最初はお客さまを「くせ毛の人」に絞ることに躊躇《ちゅうちょ》した彼ですが、実行してみると効果はてきめん。彼の美容院は瞬く間に、繁盛店へと生まれ変わりました。彼のブログを読んで「この人に切ってもらいたい」と感じ、遠方からわざわざやってくるお客さまも多いといいます。

人には誰でも、つらい経験や触れられたくない過去、人知れず抱えているコンプレックスがあります。

だからこそ、それらを自らさらけ出し、「自分と同じように悩む人を救いたいんだ」というメッセージに人は共感し、動きます。**小手先の勉強をしただけでは決して身につかない、「魂からの説得力」が生まれる瞬間です。**

あなたはなぜ、「そこ」にいるのか。

それを徹底的に掘り起こし、包み隠さず相手に伝えることが「魂からの説得力」を生むスタートラインです。

本書では、「崖っぷち」の状態で私のもとを訪れ、人生の一発逆転を遂げた2000人以上の中から、とくに印象的な事例を集めました。

いずれも、「自分がなぜ、その仕事をしているのか」を見失った状態から、自分を見つめ直し、封印していた過去を洗い出し、その過去を武器として再生した人たちばかりです。**彼らの人生逆転劇を振り返りながら、あなた自身にしかない唯一無二の「強み」を発掘し、磨いていきましょう。**

本書を読み終えるころには、あなたの生き方・働き方に「魂からの説得力」が生まれ、周りにひとり、ふたりと協力者が増えていることでしょう。自分のこれまでの人生を振り返りながら、ページをめくってみてください。

2021年3月

板坂 裕治郎

第2章

「過去」をさらけ出す

第3章

「行動」で語る

第4章
「逆境」を乗り越える

第1章

「軸」を定める

「自分が何者か」を伝えているか

「器用」にこなすだけではジリ貧に陥る

「器用貧乏」という言葉があります。

器用で何でもこなせるばかりに、「あれも、これも」と手を出し、結局どれも中途半端になってしまって大成しないことを指す言葉です。

器用なこと自体は立派な長所です。しかしテクニックに任せて、何でもかんでも上手にこなしているだけでは、いずれ行き詰まります。

存在を根本から揺るがされるような窮地に立たされたときに持ちこたえ、反発するための「土台」が安定していないからです。

あなたは「何者」なのか。そこを隠したり、ごまかしたりするような人の生き方に「魂からの説得力」が宿るはずもありません。

ある建築デザイナーがいました。名前は藤井俊二さん。建築デザイン事務所を営んでいましたが、なかなか稼げないどころか借金ばかりが膨らんでいき、いよいよ裁判所から「支払督促」が届いたところで、意を決して私のもとへ相談に来たのでした。

49歳。借金をきっかけに奥さんにも出ていかれ、崖っぷちだといいます。

なぜ「能力」が「収入」に結びつかないのか

話を聞くと、彼の人生はまさに「器用貧乏」を体現したものであることがわかりました。

「図面を描くだけより、施工まで請け負ったほうがより儲かる」と、職人を抱えて建設業を取得しました。

学生時代は野球少年だったこともあり、プライベートではボランティアで少年野球の監督を務めています。指導の腕前もなかなかのもので、地域の子どもたちを集めたチームで何度も全国大会に出場しています。

仕事でしっかり稼ぎ、プライベートも充実。すべてが順風満帆に思えましたが、幸せな時期は長くは続きませんでした。

「職人を抱える」ということはつまり、仕事があろうがなかろうが、固定費として一定の額を常に払い続けなければならないことを意味します。「儲かる」と思って手を広げ、一時期は実際に儲かっていたのですが、受注が頭打ちになると次第に、支払いに追われるようになりました。加えて、悪徳業者にだまされ、大きな仕事をしたにもかかわらず料金を踏み倒されたことも、財政難に拍車を掛けました。

本来ならば、建築デザイン事務所の仕事に本気で取り組み、立て直さなければならないのですが、プライベートでは「少年野球の名監督」ですから、そちらも疎《おろそ》かにするわけにはいきません。好きだったはずの野球も、次第に重荷になっていきました。

一時期は職人を抱えて建設業を立ち上げるほどに仕事を受注できていたわけですから、彼は間違いなく、ビジネスセンスに長《た》けています。

また、少年野球の指導でも全国大会に連れていくほどの腕前なのですから、人をまとめる力がないわけでもないでしょう。

しかしそれらの能力が、収入に結びつかない。

原因は、彼自身が「自分は何者か」を定められていないことにあります。

「幕の内弁当」になるな

私は彼に、こう伝えました。

「幕の内弁当のようですね」

お腹《なか》を空《す》かせてお弁当屋さんに入った場面を思い浮かべてください。あなたは何弁当を手に取るでしょうか。

真っ先に幕の内弁当を手に取る人は、相当レアでしょう。たいていは「からあげ弁当」「ハンバーグ弁当」「チキン南蛮弁当」といったような、メインがはっきりしている弁当を選ぶはずです。

幕の内弁当は、数種類のおかずの寄せ集めです。その一品一品も、味わってみれば確かにおいしいのでしょうが、メインをはっきり思い浮かべづらいため、お腹が空いたときに「あぁ、これが食べたい！」と思われる対象にはならないのです。

彼の生き様も似たようなものです。図面を描く建築デザイナーなのか。設計から施工までを一手に引き受ける建設業の社長なのか。少年野球の名監督なのか。すべての能力が水準以上であるばかりに、常に「儲かるほう」「得になるほう」を選び続けた結果、彼は「多才だけれど、何をしたいのかよくわからない人」になっていたのです。

自分は「何者」なのかを、場面によって都合よく使い分けていたのですから、いざ窮地に陥ったらあっけなく崩れてしまうのも仕方のない話です。

「さて、ここから何弁当を目指します？」

私は彼に問いかけました。

彼は即座に答えました。

「書道家でいきます」

てっきり「建築デザイナーとしていきます」という言葉が返ってくると思っていた私は、あまりにも意外な答えに拍子抜けしました。

彼は少年時代から、野球とともに書道を嗜《たしな》んでいました。女手ひとつで育てられ、「字さえきれいに書けたら、大人になっても困ることはないから」が母親の口癖だったそうです。

筆を持つ習慣は大人になっても続いており、今でも書道に向かっているときがいちばん、心穏やかに過ごせるのだといいます。

「わかりました。じゃあ『書道弁当』でいくしかないですね」

彼は力強くうなずきます。心が決まったようでした。

「余計なプロフィール」は一切捨てる

「書道家で飯が食えるのか」。誰もが思うところでしょう。

しかし世の中には、現に「書道家」と呼ばれる職業が存在します。**「食えるか、食えないか」だけでいえば、「食える」のです。**

ならば、これから「どう食えるようにするか」を考えればいい。単純なことです。

まずは、書道家以外の一切を捨てるところから始めました。

名だたる書道家は、24時間、書のことだけを考えて生きていることでしょう。一方、49歳にして書道家として新たに歩み出そうとする彼の人生は、「建築デザイナー」「経営者」「少年野球の監督」の占めるウエイトが、書に比べて圧倒的に大きい。それでいて「書で飯を食う」は都合がよすぎるでしょう。

建築デザイナーは肩書きを示すだけで仕事が舞い込む可能性のある職業です。その看板を下ろすのはもったいないと彼は感じたようですが、どうせ、建築デザイナー・経営者としては赤字を垂れ流しているのが現状です。「幕の内弁当」から脱却しようとしているのですから、「余計なプロフィール」への未練は潔く捨ててしまうべきです。そして、裸一貫、「書道家」としてスタートするのです。

続いて彼は、「書道家」としてあらゆる場で発信し始めました。

名もない書道家が今から誰かに認知されようと考えたら、自分から発信する以外に方法はありません。ブログを立ち上げ、毎日、書道家になった経緯や書への想いを発信し始めたほか、ＳＮＳでは毎朝7時に「本日の書」をしたためる様子をライブ配信するようになりました。

「土台」を固め直す

書道家に転身し、発信を始めてから1年も経《た》つと、次第に企業から「うちの会社の理念を書いてほしい」といった仕事が舞い込むようになりました。

彼のブログやSNSを見て、「かつては建築デザイナーとして、経営者として働き、ボロボロになってどん底を経験し、もう一度自分を見つめ直して、一転、書道家として歩みを進めているこの人に、うちの会社の理念を書いてほしい。想いを注入してほしい」と考える経営者が増えたのです。

いくつもの「優秀な顔」を持つ、器用貧乏な幕の内弁当だった彼は、自分の人生を見つめ直し、自らの「土台」を固め直したことで、「経営者の苦労がわかる書道家」という強烈な個性を手に入れたのでした。

決して、彼が「建築デザイナーだったから」「経営者だったから」「書という武器があったから」再出発できたというわけではありません。

人には誰でも、再出発のチャンスがあります。

「建築デザイナー」が魅力ある職業であるのに対し、「書」は彼にとって、趣味以上の何物でもありませんでした。

しかし彼は、「損得」を度外視し、自らの心の声に素直に従い、「書」で生きていくことを選びました。この選択が、彼の再出発を成功へと導いたのです。

あなたは「何弁当」として生きていきたいのでしょうか。

土台を見つめ直すことが、現状を打破する出発点となります。

「本当の強み」は、
壁にぶつかった
ときに見える

「強み」がすんなりと見つからないこともある

「はじめに」でも述べたように、私は中小零細弱小家業に特化した経営コンサルタントとして活動しています。

コンサルティングの顧客やセミナーの塾生には、「ひとつの大きなテーマに沿って、ブログを毎日書き続けること」を提唱しています。

ブログをワンテーマで書き続けることによって得られる効能は多岐にわたります。本書に掲載しているエピソードをひとつひとつ読んでいただければ、ブログがあらゆる場面であらゆる効果を発揮してくれることがわかっていただけるでしょう。

その中で、私が考える「ブログ最大の効能」。それは「毎日ブログを書き続けることによって、自分の本当の強みが何なのかがあぶり出される」ことです。

自分自身では「これが私の強みだ」と思っていたものが、実は違った。そのようなことはよくあります。

本当の強みではないものを「大テーマ」に設定してブログを毎日書き始めてしまうと、どこかで無理が生じ、いずれ一文字も書けなくなってしまいます。

しかし、その場面こそが「本当の強み」を見つけるチャンスです。

「商社」と「手袋屋」のギャップに苦しむ

江村典子さんは、中国貿易専門の商社で働いていました。

まだ中国の国力が今ほど強くはなく、日本企業が大きな資本力で中国の労働力を安く買い叩《たた》いていたころの話です。

日本企業が中国でものづくりを行う段取りを進めたいが、中国語を話せる社員がいない。そのようなとき、江村さんはさまざまな企業からとても重宝されました。江村さんがお父さんと設立した会社は年々、売上を伸ばし、江村さん自身の収入もどんどん増えていきました。

ある日江村さんは、ある作業手袋メーカーから「後継者がいない。このままでは会社を畳むしかなくなる。会社を買い取ってくれる人を見つけてくれないか」と相談を受けます。

ちょうど、江村さんの実家は作業服卸問屋を営んでいました。手袋づくりに必要な設備もすべて整っています。そこで江村さんの実家で、この作業手袋メーカーを買い取り、江村さん自身も手袋の製造販売を担うことになりました。

これまでは商社の人間として、仕入れ相手にシビアな交渉を強いる立場だった江村さんですが、一転、製造業・小売業の人間として、商社からシビアな条件を突きつけられるようになります。江村さんの心は次第に、折れていきました。

ブログは自分の「嘘」を浮き彫りにする

そんな折、江村さんにセミナーの依頼が舞い込みます。

テーマは「中国との貿易」。まさにその最前線に立っていた江村さんに、そのノウハウを語ってもらいたいという依頼でした。

当時の江村さんは、知人に「どんな仕事をしているの?」と聞かれても、「作業手袋を販売している」と答えるのがかっこ悪く、適当にごまかしていました。そのタイミングで、「中国との貿易」というテーマでの講演依頼。彼女は一筋の光が見えたように感じました。

いざセミナーを終えると、会場は拍手大喝采。手袋を売る交渉をするたびに商社に虐《しいた》げられていた江村さんは、久々に満たされた感覚を得ました。

江村さんは「やっぱり私の強みは中国との貿易経験だ。かっこ悪い手袋屋から、光輝くセミナー講師になる」と、中国との貿易を円滑に行うことを助けるコンサルタントとして生きる決断をします。

「どうしたら多くのお客さまを集められるでしょうか」

江村さんが私のもとに相談に来たのは、そのころでした。

私はほかの顧客や塾生と同じように、「ひとつの大きなテーマに沿って、ブログを毎日書き続けること」を勧めました。

江村さんはその教えに素直に従い、「中国との貿易」をテーマに、ブログを毎日更新し続けました。ブログを見た人からの引き合いも、徐々に増え始めました。

しかし、ブログを始めて300日目のことです。江村さんは私に「ブログをやめてもいいですか」と申し出てきました。

あと65日続ければ、ちょうど1年。大きな目標を達成することになります。それでも江村さんは、ブログをやめたいと言うのです。

「なんか、中国との貿易について書いている自分が、嘘《うそ》をついている気がする」

それが、彼女がブログをやめたい理由でした。

もちろん、彼女の経歴に嘘はありませんし、ブログに書いている内容にも嘘はありません。

ただ、「中国との貿易に携わるのが好きで好きで仕方なく、だから毎日ブログを更新する」というその行動が嘘のようで、息苦しく感じてきたのだと彼女は言います。

「じゃあ、ほかに好きで好きで仕方のないものはありますか?」と聞くと、彼女は答えました。

「手袋です。作業手袋だけで書き続けます」

ある老人とのやりとりで目覚めた「使命感」

実家で買い取った作業手袋メーカーで経営者として働いていたころ、江村さんは忘れられない体験をしていました。

手袋の展示会に出展したときのことです。

「手袋で防げる事故はある、作業手袋で労災事故をゼロに」と打ち出しているコーナーの前で、ひとりの老年の男性が立ち止まり、興味深く手袋を眺めていました。そして江村さんを見つけるなり、「いい取り組みをしていますね」と褒めちぎりました。

「私も昔、工場を経営していたんだ。そのときにこんな手袋があったらよかったなぁ」。そう語る男性は、右手をずっとポケットの中に入れたままでした。

聞けば、工場での事故で機械に指を挟まれ、右手の指先を失ってしまったのだといいます。

江村さんに「作業する人の手を守るため、労災を起こさない手袋を世の中に広めるのだ」という使命感が芽生え、それ以来、手袋について猛勉強を重ねていました。

しかし商社とのやりとりに疲れ、かつて華やかに働いていたころの記憶に流され、ブログのテーマに「中国との貿易」を選んでしまったのです。

「中国との貿易」についてブログを300日書き続け、壁にぶつかった江村さんは、ようやく「本当に自分が進むべき道」を見つけたのでした。

壁にぶつかったとき、自分の中に何が残るか

江村さんは今、「手袋のソムリエ」として自身を打ち出し、「日本一、手袋に詳しい手袋屋さん」として活躍しています。

どのような道を進もうか思い悩み、いったんは「手袋」を捨てて「中国との貿易」を選び、そこで壁にぶち当たってようやく「手袋」の大切さに気づいた。そのような過去の経験や心の動きをすべてブログに記していますから、手袋を発注しようとする人は「どうせ頼むなら、この人にお願いしたい」と感じることでしょう。

自分を見失い、壁にぶつかった経験が、すべて江村さんの「強み」になっているのです。

壁にぶつかったときに、自分の中に何が残るか。そこに「本当の強み」を知るヒントがあります。

スタートダッシュで
勝てないなら
「出遅れ」を活かす

「寄り道」を引け目に感じなくてよい

本章の冒頭でご紹介した、建築デザイナーから書道家に転身した藤井俊二さん。「書道家になる前に建築デザイナーとして働いていた」「経営者として苦悩していた」という強烈な「寄り道」の経験を活かし、「経営者の苦労がわかる書道家」として活躍しています。

「自分が何者かを伝える」ことで新たな道を歩み出した藤井さんの事例からもうひとつわかるのは、「寄り道」もまた、強力な武器となりうるということです。

「建築デザイナー」「経営者」として働いた過去が書道家というプロフィールに、藤井さんにしかない彩りを添えているのです。

書道家の多くは、小さなころから書道家を目指していたことでしょう。50歳を目前にしてようやく書道家を志した藤井さんは、スタートダッシュで圧倒的に出遅れています。

でも、その「出遅れ」こそが武器になる。小さなころから書道家を目指していた人には決して纏《まと》えない「元・建築デザイナー」「元・経営者」というプロフィールが現に、藤井さんに強い個性をもたらしていることからもわかるでしょう。

もちろん、これは書道家に限った話ではありません。

「何気なくやっていること」に需要があると気づく

河尻《かわしり》光晴さんは、幼いころから絵を描くのが大好きでした。

でも「イラストで飯を食えるなんて、ほんの一握りだよね」とは、本人も学生時代から自覚していたこと。とくに疑問を持つこともなく、「イラストで飯を食う道」を選ばず、一般企業に就職しました。

それでも趣味の絵は描き続け、たまにイベントに出店してお客さまの似顔絵を描いたりするような活動も行っていました。

飯の種として仕事をし、趣味も充実している。


それなりに満足しているのですが、どこか物足りないような気もする。

心に何か、漠然とした空《むな》しさを覚えているところで、河尻さんは偶然、私と出会いました。

それをきっかけに、私が抱えるほかの塾生と同じく、河尻さんも毎日、ブログを書き始めることにしました。

しかし、テーマが定まりません。

「これだ」という軸が見つからない。

迷いながら書き続け、仕事は仕事で続ける毎日。そんな中、ある人が、河尻さんが仕事中にとっている、ひとつの行動に注目します。

イラスト好きな河尻さんは、社内会議やお客さまとの打ち合わせの内容を巧みにイラスト化してノートに描き込んだり、ホワイトボードにイラストを描いてプレゼンしたりしていました。

それを見た人が、「このイラスト、素敵ですね。自分もこんなイラストを描けたら、プレゼンでもっと相手に伝わりやすくなるし、仕事も楽しくなるのに」と漏らしたのです。

「ビジネスで使えるイラスト」って、需要があるんだなぁ。

河尻さんが気づいた瞬間でした。

「強み」を「お金」に替える

思えば、これまでの人生を振り返っても、「イラストを使って伝える」「イラストを使って考えをまとめる」ことでうまくいき、助けられたことが、河尻さんには何度もあったのです。

これこそが、自分にとっての「強み」なのだ。河尻さんは確信しました。

「絵が好き」「絵が上手」「その特技を活かす」。

これだけでは確かに、飯を食うためには「画家になる」「イラストレーターになる」「漫画家になる」といった選択肢しかないでしょう。

いずれも、子どものころから自分の可能性を本気で信じ、精進し続けた人しか到達できない職業です。競争率も計り知れません。

しかし河尻さんは、一般企業に勤め、「イラストで飯を食う道」に進まなかったことで、かえって強力な「強み」を身につけたのです。

「なぜ、ビジネスにおいて『伝える』手段は、『話す』『書く』しかないのだろう。ここに『えがく』も加われば、ビジネスはもっと円滑に、楽しく進められるはずなのに」

河尻さんは、ビジネスで使える**「イラストプレゼン術」**をテーマに、オンラインセミナーを始めることにしました。

これが大成功。実際にイラストを使ったビジネスプレゼンを何度も経験し、ビジネスパーソンが「伝える」場面で四苦八苦している現状を多く見てきた河尻さん。机上の空論でないリアルなビジネス現場を知っているからこそ、彼の『えがく』技術は多くのビジネスパーソンに受け入れられたのです。

河尻さんは一気に300万円ほどの副収入を得ました。

お金がすべてではありませんが、苦しんだ末に自分の「強み」を見つけ、それがお金に替わることで自信となり、人生が潤うのもまた事実です。2020年4月からスタートしたこのオンラインセミナーは、2021年1月の時点で100回を開催。受

講者数は、のべ650名。たくさんの方に学んでいただける超人気講座となっています。

はじめから「絵一本」だったら、決して身につかなかった**「イラストプレゼン術」**。スタートダッシュで勝てないからといって、あきらめる必要はありません。「出遅れ」を活かす生き方もあるのです。

「型」を知らずして
我流は極められない

「物真似」が強固な礎となる

「守破離《しゅはり》」という言葉は聞いたことがあるでしょう。

これは落語や歌舞伎、茶道、武道など、日本の伝統芸能・文化における修業の過程を示した言葉です。

師匠の教えを守り、真似《まね》するのが「守」。師匠の教えを自分なりに分析し、改良するのが「破」。新たな芸風を創造するのが「離」。「守」なくして「離」はありません。

「型破りな人間になりたいなら、まずは型を知れ」。これが「守破離」の教えです。

確固たる「守」を築くのは、徹底的な「物真似」です。なんとなくの生半可な物真似では、いつまで経っても、師匠の教えを自分なりに分析し、改良する「破」の段階に到達できません。師匠の教えをなんとなく守り、真似するだけで人生が終わっていきます。

徹底的な「物真似」が結果として、強烈な「我流」を生む。私自身が教えられたエ

守　できるだけ多くの人の話を聞き、決められた型や、指導者の教えを守って、それを繰り返して、基本を取得する段階

↓

破　「守」で身につけた基本をベースにしながら"自分なりの工夫"をして、徐々に基本を破り発展する段階

↓

離　型や教えから離れて、独創的なオリジナルの個性を発揮する段階

ピソードがあります。

「つまらなさ」だけが強烈に印象に残る登壇者

私は一般社団法人日本パーソナルブランド協会が主催している「セミナーコンテスト」の審査員を務めています。

セミナーコンテストとは、いわば「セミナー講師の甲子園」。セミナー講師を目指す人が、自分の体験をもとにオリジナルセミナーをつくり、ひとりあたり10分で発表し、順位を競い合うイベントです。国内10カ所で地方大会が行われ、地方大会優勝者は全国大会に駒を進めます。

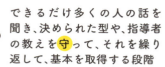

あるとき、とてつもなくつまらないセミナーを行う参加者がいました。

名前は西村博さん。話の内容なんて、もはや覚えていません。記憶に残っているのは、「声の調子に一切の抑揚がなかった」ということだけです。

話し始めから終わりまで、常に一定の調子でつらつらと言葉を並べるだけ。決して自分のリズムを崩さないその姿勢には目をみはるものがありますが、聞いているほうは眠くなる一方です。

あまりにもつまらなかったため、私は西村さんに「どこがどうつまらないか教えてあげようか」と話しかけてみました。すると西村さんは「お願いします」と乗ってきます。

西村さんは私が指摘した「至らない部分」を修正し、見事に地方大会で優勝しました。しかし彼はその後、喜ぶどころか、浮かない顔をしてまた相談に訪れます。「このままじゃ全国大会に行っても絶対に勝てない。全国大会で勝てるプレゼンを教えてください」。彼は本気でした。

そこから特訓の日々が始まりました。私は、「もしも西村さんと同じ資料をもとに、私が話すなら」と、お手本を見せました。

西村さんはそれをICレコーダーに録音していました。

「徹底的な完コピ」で話の質が激変

数カ月が経ったころ、西村さんから連絡がありました。

「前よりはよくなったと思います。見てください」


西村さんはわざわざ、私の出張先まで追いかけてきて、私に10分間の「模擬セミナー」を聞かせてくれました。

すると、前に聞いたものより断然、面白い。私は自然に笑ってしまい、「面白くなったじゃないか！」と彼を絶賛しました。

しかし彼は浮かない顔で、こう言います。

「いや、ダメなんです。最後のオチのところ、本当はあと2秒溜《た》めなければいけなかったんです」

やけに細かすぎる反省が気になって詳しく話を聞いてみると、西村さんが私に見せた「模擬セミナー」は、以前、私が彼に見せたお手本の「完コピ」だったのです。

西村さんは、私が話した言葉、私が持った間、私が使った抑揚、私の身振り手振りのすべてを徹底的に物真似し、私の前で披露したのでした。

ところが、やはり私を前にすると緊張し、最後の最後で、2秒早くオチを言ってしまった。それが彼の反省材料だったのです。

「物真似」から脱却して大活躍

ただ私は、「我」を捨てて徹底的に私の物真似を研究し、たった数カ月でここまでの成長を遂げた西村さんに敬意を抱きました。

そして「彼はいずれ、私の物真似から脱却して我流を身につけ、大成功する」と確信しました。

事実、西村さんはその後、セミナーコンテストの全国大会で他を寄せ付けぬ圧倒的なセミナーを披露して優勝をかっさらい、現在では「ほめる人財育成の達人」として活躍しています。

物真似はバカになりません。

「我」を捨てて完全にその人になりきる、徹底的な物真似が、結果的に「我流」の強力な礎となります。

もしも自分の強みが見つからないのなら、徹底的に誰かの物真似をしてみましょう。

それが突破口になることもあるのです。

「ガラにもないこと」をするな

優先すべきは「他己評価」である

自己評価と他己評価、どちらを優先すべきか。

「他人の評価なんて気にするな。自分の信じた道を進め」と発信している人もいます。しかし彼らの多くは、その卓越した個性を武器に、すでに大きな活躍を収めている場合がほとんどです。

私を含め、凡人の場合は、「他己評価」を優先したほうが、失敗は少ない。私はそう考えています。

「ガラにもないこと」をすると、相手からドン引きされ、取り返しのつかない事態に陥ることが多いのです。

初瀬川《はつせがわ》達郎さんは福井県に住む社会保険労務士です。

社会保険労務士は立派な国家資格ですが、どのような仕事なのか、一般の人にはなかなかつかみにくいところがあります。ひとことで言えば、「雇う側」と「雇われる側」の間に問題が起きたときに調整したり、問題が起きないようにあらかじめ防いだりする仕事です。初瀬川さんは、いろいろな会社から月額3万円前後の顧問料を得て生計を立てています。私に相談に来た当時、顧客は25社ほどあったといいますから、なかなかのものでしょう。

ただ、ややこしい問題を収める知識も技量もあるのに、世間的には「地味」な印象しかないうえ、「あ、社労士さんね」と軽く見られる。それが初瀬川さんにとって物足りないようでした。

初瀬川さんはもっと華やかな世界に踏み出そうと、YouTubeを始めたり、高いお金を払って「ランディングページ作成セミナー」を受け、その教え通りにランディングページをつくり、自分オリジナルの高額セミナーを開催しようと、新たな挑戦を試みました。

しかしそれらの挑戦は、ことごとく実を結びませんでした。どれだけYouTubeやランディングページに労力をかけようと、新たなお客さまも、新たな仕事も、まったく舞い込んでこなかったのです。

人は「主役」「脇役」「監督」「助監督」に分けられる

「そりゃ、こんなんを見てもお客さんなんて来ないよ」

私は初瀬川さんをたしなめました。

YouTubeは、「よくある感じ」の「よく見る動画」。ランディングページも、「まぁ、何かの広告をクリックしたら、こんな感じのページが出てくるよなぁ」という仕上がり。いずれも前項の西村さんとは対照的な「生半可な物真似」に過ぎなかったのです。これでは、新たなお客さまは、わざわざ初瀬川さんに仕事を託す理由を見いだせません。

加えて致命的だったのは、YouTubeもランディングページも、初瀬川さんが自らを「主役」のように大々的に打ち出している点です。

私は、世の中にいる人間は、58ページの図のように4種類に分けられると考えてい

世の中の人間は4種類に分けられる

ます。「主役」「脇役」「監督」「助監督」の4種類です。

図の上半分は、スポットライトが当たる「ステージ上」、下半分は、ステージ上の人間を引き立たせる「裏方」のイメージです。

そして右半分は「前に出る人」、左半分は「支える人」とお考えください。

初瀬川さんは、どう考えても「助監督」タイプでした。私だけでなく、初瀬川さんと会ったことがある十数人の私の塾生が口を揃えて、初瀬川さんのことを「助監督タイプだ」と言います。

地味な調整をコツコツと積み重ねながら、
顧客である会社の社長さんが仕事をしやす

いように尽くす。これこそが、彼が最も活きる働き方なのです。だからこそ初瀬川さんは信頼を得て、個人で25社もの顧問を任されてきたのです。

その初瀬川さんが、あたかも自分が「主役」であるかのように、大々的に自分を売り込み始めた。違和感を覚えるなと言うほうが無理な話です。

主役になりたい気持ちはわかります。しかし、あこがれだけで主役を演じようとすると、失敗します。

「ガラにもないこと」は、やらないに限るのです。

「名助監督」もまた、人生の主役である

もちろん、「たった一度の人生。主役とは言わないまでも、せめてステージに上がりたい」「一生を助監督で終えるなんて嫌だ」と感じる人もいるでしょう。

気持ちはわかります。しかしこう考える人は、人生という「舞台」の本質をはき違えています。

「名助監督」として必要とされる可能性を自ら打ち消しているからです。

なぜ主役にこだわるのか。初瀬川さんは「もっと華やかな世界で、もっと稼ぎたい」と言いました。

私はさらに問いかけました。「名助監督」として、主役・脇役・監督からチヤホヤされる人生はどうだ。主役からは「あの助監督がいないと嫌だ」と言われ、監督からは高いギャラで迎えられる助監督はどうだ。

初瀬川さんの目の色が変わりました。「名助監督」として活躍するイメージがわいたようでした。

最後に私は、彼にひとつの提案をしました。

「月額3万円の顧問料で『満たされない』と感じるなら、これから来るお客さまからのギャラを6万円に上げればいいじゃないですか。何なら10万円に上げてもいい。相場は関係ないですよ。相場は『周りの同業種の誰がやっても同じ質の仕事』だった場合の価格。初瀬川さんにしか発揮できない、名助監督として「お客さまを主役に据えて、光り輝

く存在に押し上げる」仕事をするのであれば、相場に縛られる必要はありません」

彼は「10万円でお客さん来ますかね……?」と不安げでしたが、結果として、自分が主役ではなく「お客さまが主役」に徹したおかげで、さらに倍の20万円で仕事を依頼してくれました

「相場」に縛られるからおかしくなるのです。たとえば、社長の考え方を全社員に浸透させ、会社をうまく回すことに貢献してくれる「ナンバー2」を月給10万円で雇えると考えたら、安いものでしょう。そして事実、初瀬川さんにはその力がある。ならば堂々と、その力に見合う値付けをして、その価値を市場に問えばよいのです。

「人生の主役になれ」という言葉があります。

私は、この言葉の意味は「自分に合った生き方を見つけ、そこで輝け」ということであり、決して「ステージに上がって主役を張れ」と言っているのではないと考えます。

支える人が前に出る人より劣る、助監督が監督より劣ると考えているのなら大間違いです。

名助監督がいなければ何もできない「お飾り監督」は山ほどいます。周りに「名助監督」として存在を認められるような働きをし、その働きに見合った報酬を得られていれば、「自分はどうせ助監督だ」と卑屈になることもなくなります。

第2章

「過去」をさらけ出す

「過去の浄化」を
しないまま
前に進むな

「強みを活かし切れない人」の共通点

第1章で、ビジネスセンスに長け、人をまとめる力もあるのに、そのセンスやスキルにかまけて器用貧乏に陥ってしまった建築デザイナー・藤井俊二さんのストーリーをご紹介しました。

彼は自分が何者なのかをはっきりと宣言できない「幕の内弁当」状態が続き、事業で壁にぶつかりましたが、趣味で続けていた書こそが自分の生きる道だと見いだし、見事に再生を果たしました。

しかし世の中には、はっきりとした自分の「強み」を見つけられているのに、発揮し切れていない人もたくさんいます。

私が見てきた限り、自分の「強み」を見つけられているのに、発揮し切れていない人のほとんどは、「強み」を見つけるに至った過去を隠しています。

末廣《すえひろ》徳司さんは大学卒業後、大手アパレルメーカーに入社。自身のセンスを遺憾なく発揮し、さまざまなブランドの立ち上げに成功します。20代後半にはすでに中国に赴任し、お手伝いさんがつくような超VIP待遇でバリバリ働いていました。

末廣さんの実家も、レディースの洋服店を経営していました。大阪で4店舗を持つ、地域密着型の洋服店です。

末廣さんが35歳になろうかというころ、実家の洋服店の売上が下降し始めました。それでも実家のご両親は「心配するな」と末廣さんにSOSを出すこともなく、大手アパレルメーカーでバリバリ働く息子を応援し続けます。この想いをいじらしく感じた末廣さんは、「よしっ、おれが何とかしてやるわ!」と、あっさりと大手アパレルメーカーを退社し、実家に帰って経営を引き継ぐ決断をします。

大手企業で将来を嘱望されながら、その立場を捨てて、経営難の家業を引き継ぐ。なかなかできる決断ではありませんが、本人は当時を振り返っても「まったく不安はなかった。たったの4店舗なら、売上はすぐに2倍、3倍にできると確信していた」と語ります。

要は、自信があったのです。

大手アパレルメーカーに入社して間もなく、複数のブランドを立ち上げ、当てまくった自分が経営を任されるのだから、V字回復は間違いない。すぐに立て直せる。末廣さんはそう考えていました。

エリートから「バカ息子」への転落

末廣さんは大手アパレルメーカーの経営手法をそのまま、実家の洋服店に持ち込みました。

しかし、「世界的に展開している大手アパレルメーカー」の経営手法を「地域密着型の洋服店」で実践したところで、うまく回るはずもありません。

お客さまの感情は無視。4店舗それぞれに味があった品揃《しなぞろ》えは、コストカットのため「すべて同じ」になりました。お客さまからは「なんかこの店、つまらなくなったね」という声が聞かれるようになりました。

それまでは家族的な付き合いだったスタッフに対しても一転、ビジネスライクかつドライに接するようになり、店内には常にピリピリした雰囲気が漂うようになりました。

店の売上は回復するどころか、どんどん下降。「大手アパレルメーカーでバリバリ働いていた立派な息子さんが帰ってくる。お店もまたお客さまが増えて賑《にぎ》やかになるのでは」と期待していたスタッフたちも愛想を尽かし始め、「あのバカ息子が」という陰口もチラホラと出始めました。

そのことはもちろん、末廣さんの耳にも届きます。

末廣さんは次第に、出社するのがつらくなりました。

軌道に乗り始めたところで下した、ひとつの決断

会社に行きたくない。でも、家に閉じこもっているわけにもいかない。

末廣さんが選んだのは「ありとあらゆるセミナーに出席し、勉強しまくる」という道です。

「勉強」という名目で外出すれば、会社にも家にも理由がつく。陰で自分を叩くスタッフにも会わなくて済む。いわば「避難先」として、末廣さんはセミナーに出まくったのです。

その勉強は、決して無駄ではありませんでした。

あるセミナーで講師が語った「どうせやるなら、楽しい、ワクワクするような仕事をしよう」という言葉が心に響き、末廣さんは大手アパレルメーカーにいたときのように、自分のセンスを活かして選んだメンズ商品を積極的に売りたいと思い立ちます。

そこで現在の売り場を改装し、店の片隅のワンコーナーに「末廣さんセレクション」のメンズコーナーを設けることにしました。

これがお客さまから大好評。従来のお客さまは女性ばかりだったのですが、「この服、素敵。うちの旦那に着せたいわ」と既存客を起点として口コミが広がり、客足はまたじわじわと増え始めます。

実店舗ではスペースに限りがあるため、末廣さんは外商というかたちでメンズの売上をさらに伸ばしていきました。

メンズ事業が軌道に乗り始めたところで、末廣さんはある決断を下します。

実家のお店を離れ、メンズ一本に絞って独立するという決断です。

末廣さんの父親は「自分の好きなことをやりなさい」と背中を押してくれました。

しかしやはり、現実問題として、売上が大きく落ち込んだまま後継者まで失ったダメージは大きく、実家の4店舗はすべて店を畳むことになりました。

「あのバカ息子が潰した」。そう言われても仕方がありません。

なぜ、お客さまに「過去」を話さないのか

ただ、末廣さん自身が新しく興したメンズ事業は順調に歩み出しました。

もともとは大手アパレルメーカーで早くから複数のブランドを立ち上げ、軌道に乗せた実力の持ち主。噛《か》み合いさえすれば、ビジネスのひとつやふたつ成功させるだけのポテンシャルはあるわけです。末廣さんが立ち上げたのは「ひとり会社」でありながら、オーダーメイドスーツだけで年商1億円以上を売り上げるまでになりました。

末廣さんがつくるスーツのコンセプトは「経営理念を纏う」。経営者専門のオーダーメイドスーツ店として、会社の顔にふさわしい経営者の見栄えを演出する衣装を仕立てるのが末廣さんの仕事です。

末廣さんは、お客さまである経営者にインタビューしながら、その経営者がどのような想いを持ち、何を実現したいと考えているのかを紡ぎ出し、纏うスーツのシルエット、生地、色などを具現化していきます。

私が末廣さんと知り合ったのは、経営者専門のオーダーメイドスーツ店がすでに順

調に売上を伸ばしている時期のことでした。

よりお客さまを増やすためにはどうすればよいかを模索していた彼が、私を見つけ、入塾してくれたのでした。

彼が営んでいるスーツ店や、そのコンセプトの話を聞いた私は、ある違和感を抱きました。

自分自身が実家の洋服店を閉店にまで追い込んでしまった過去を、彼がお客さまに一切話していなかったことです。

過去の暴露が「起爆剤」となる

「スーツをつくるために経営者の話を聞きながら、心苦しく思うことはないのですか?」

私がこう尋ねると、末廣さんは「何がです?」と答えます。

「いやいや、言葉を選ばずに言えば、あなたは実家の洋服店から逃げ

出したわけじゃないですか。別に呼び戻されたわけでもないのにあなたが勝手に戻ってきて、お店もお客さまもぐちゃぐちゃにして、最終的には親父さんの会社が潰れていますよね。今のお客さまには、2代目社長の方もたくさんいるでしょう。でも、あなたが2代目社長に対して偉そうにアドバイスする資格は、もしかしたらないのではないですか?」

私が抱いた違和感そのままにグイグイ突っ込むと、彼はようやく、その過去がトラウマになっていることを白状しました。

私は、彼の独立10周年となるイベントで両親を呼び、多くの来場者の前で、過去をすべてさらけ出すことを勧めました。

それこそが、彼の事業を大きな成功へと導く起爆剤になると確信していたからです。

「過去の浄化」が「魂からの説得力」を生む

「はじめに」で私は、仕事がうまくいくかどうかは「周りの人が協力してくれるかどうか」にかかっており、「周りの人が協力してくれるかどうか」は「生き方に『魂からの説得力』が宿っているかどうか」にかかっていると述べました。生き方に「魂からの説得力」が宿るかどうかの分かれ目。それは「自分の過去と向き合っているかどうか」にあります。

末廣さんは、これまでにご紹介したさまざまな人のストーリーと同じく、人生で壁にぶつかった末に「メンズ向けのオーダーメイドスーツ」という強みを見つけました。地頭がよく、センスにも恵まれ、また勉強熱心でもあったので、強みを活かした事業を難なく軌道に乗せることができました。

しかし彼は、なぜその「強み」を見つけるに至ったのか、過去をひた隠しにしていました。**いわば、突かれたくないところだけを必死に取り繕った「張りぼて」で他人のコンサルティングをしていたようなものです。**

肝心なところをごまかす人間に「魂からの説得力」は宿りません。今でこそ順調に回っている経営者専門のオーダーメイドスーツ店も、末廣さんが過去をごまかしたままでは、いずれ新たな壁にぶち当たったときに、また頓挫しないとも限らないのです。

過去と向き合い、自分の恥やトラウマを世間にさらけ出すこと。

私はこれを「**過去の浄化**」と呼んでいます。

浄化から逃げ、見せたくない過去をひたすら隠そうとメッキを上塗りすると、永遠に塗り続けなければならなくなります。

メッキが剝《は》がれるのは怖い。一度メッキを上塗りしてからは、「メッキが剝がれていないかな」とビクビクしながら一生を過ごすことになります。

しかし、過去と正面から向き合い、自分の恥やトラウマを世間にさらけ出しておくと、怖いものがなくなります。

そして「この傷を負ったのは、こんな経験があったからだ。しかしその経験で、自分はこのようなことを学んだ。その学びを活かし、自分はこう生きていく」という一貫性が生まれます。

その一貫性こそが、生き様に「魂からの説得力」を宿すのです。

末廣さんの独立10周年記念イベント。

両親をはじめとする来場者３００人を前にしたスピーチで、末廣さんはすべてを正

直にさらけ出しました。

両親以外の誰もが驚きました。末廣さんが自ら、自身の「汚い部分」をさらけ出すのは初めてだったからです。

それまでは、どこかかっこつけているような、すかしているような雰囲気さえ醸し出していた末廣さんに、「魂からの説得力」が宿りました。

「だからこの人は、経営者のスーツづくりにこんなにも一生懸命になれるのだ」。誰もが納得しました。

過去の浄化によって末廣さんの求心力は増し、今では顧客も売上も以前とは比較にならないほどに伸び続けています。

1%のアンチの向こうに
99%の味方がいる

夫の死をひた隠しにする女性

過去をさらけ出せない理由には、「自身のプライド」以外にもさまざまなものがあるでしょう。

しかし、いかなる理由があろうと、「自分がここにいる理由」はさらけ出したほうがよい。私はそう考えます。

東北のある地域で、美容院で働いていた女性がいました。

夫と、子ども2人の4人暮らし。しかし2011年、東日本大震災で起こった津波により、夫は行方不明になりました。

震災から数年後、彼女は「美容院の客足を増やしたい」と、私のセミナーを受講しに来ました。

美容院の実情を聞こうとすると、必然的に、家族の話になります。

「旦那さんは?」と聞くと、彼女は一瞬、何と答えようか迷った表情をしつつ、「バツイチなんです」と答えました。

その反応に引っ掛かるものを感じた私は、「もしかしたら……バツイチではない事情があるのではないですか？」と切り出すと、彼女は本当のことを話してくれたのでした。

ご近所さんの「心ない声」

なぜ、夫がいない「本当の事情」を隠すのか。聞いてみれば、そこには複雑な理由がありました。

震災によって家族を亡くした家庭には、ひとりあたりいくらという弔慰金が支給されました。一方、津波により家屋の全壊・半壊した方にもそれぞれに支援金が支給されましたが、生計を支える人が亡くなった場合と、家が全壊や半壊した場合とで、支給される金額に違いがあったのです。

はじめのうちは「旦那さん、お気の毒でしたね……」と気遣ってくれた周りの人た

ちも、少しずつ時間が経過し、生活が安定してくると、「あの人は旦那を亡くしたから弔慰金をもらってお金があるらしいよ」「あの人は震災によってお金持ちになった」と心ないことをささやき合うようになったといいます。

そこで彼女は、いっそ「夫を津波で失った」という過去を封印し、「新しく自分でお店を建てて独立開業し、このぎすぎすとした町をもう一度昔のように活気ある町にしよう」。そう決意して新たな一歩を歩み出しました。

しかしかつてほどのお客さまを得ることができず、私のセミナーを受講したというわけです。

スピーチコンテストで「すべて」を話す

地元の人たちの心ない声により、彼女は人間不信に陥っていました。

夫がいない本当の理由を話したら、また新たな非難を受けないとも限らない。隠したくなる気持ちはわかります。

それでも私は、彼女にこう告げました。

「ご主人がいなくなった本当の理由を話し、それでも今後も美容院を続け、この町を再生させたいと思って新たにお店を建て直したんだという真実を発信しないと、いつまでも同じ後ろめたさを背負っていくことになりますよ。突かれたら痛いところを隠したまま生き続けるのはつらいでしょう」

私は彼女を「リボーンアワード」に駆り出し、すべてを話してもらうことにしました。

リボーンアワードとは、弊社が主催するスピーチコンテストです。毎年、塾生の中から「今年最も蘇った塾生」を５人選んで、自らが置かれた困難な状況にいかに抗い、いかに未来を切り開いたのか、観衆に向けてプレゼンテーションします。

彼女は私が勧めた通り、「すべて」を話してくれました。

夫が津波に流されたこと。補助金をもらったことで、近所中から誹謗《ひぼう》中傷の嵐になったこと。それでも美容院を続けたくて、新しくお店を建て直したこと。しかし夫が津波に流されたことを隠していたがために、お店もどこか「隠れて営業している」ような感じになってしまい、客足が伸びないこと……。

会場からは温かい拍手が沸き起こりました。 彼女も、リボーンアワードで過去をさらけ出したことをきっかけに「もう、どうにでもなれ」と開き直れたようで、ブログでも毎日、震災のことや美容院のことを発信し続けました。

自ら視野を狭めるほど損なことはない

彼女の人生はガラッと変わりました。

ブログには、全国から応援メッセージがドサッと届くようになりました。

結局のところ、彼女が弔慰金をもらったことにグチグチ言っていたのは、家の近所のごくごく少数の人間だけで、世の中全体を見れば、彼女を応援したいと感じる人はたくさんいたのです。

彼女自身、「なんであんなにも小さなところばかりに目を向けて落ち込んでいたんだろう」と、目を丸くしていました。

やがて、彼女を応援しようと、県外からもお客さまが訪れるようになりました。中には「自分も夫を亡くして落ち込んでいたけど、あなたのおかげで励まされた」と涙ぐむ人までいました。

また、県外からのお客さまが増えたことで、彼女自身も気づかなかった「ヘッドスパ技術の高さ」も広く知れ渡るようになりました。「あなたのヘッドスパ技術を教えてほしい」と請う同業者も現れ、今では講師として県外で美容師を育てる活動も増えています。

過去を隠しているうちは、「派手なことをすると何を言われるかわからない」という想いから、ひたすら家と美容院の往復を繰り返すだけでした。

しかし過去をさらけ出した途端、「もう隠すものはない。どうにでもなれ」と開き

直ることができ、活動の範囲が一気に広がりました。

「1%のアンチ」の言うことを気にして落ち込むだけの人生だった彼女は、過去をさらけ出し、浄化したことで、「1%のアンチ」の向こう側にいる「99%の味方」を得て、大きく羽ばたきだしたのです。

「反面教師」という
生き方も
捨てたものではない

「笑えないほどの失敗談」にこそ含蓄がある

ロシアの小説家、レフ・トルストイは、代表作『アンナ・カレーニナ』の中で「幸福な家庭はどれも似たものだが、不幸な家庭はいずれもそれぞれに不幸なものである」と記しています。

仕事も同じ。「成功談」がだいたい似通った内容なのに対し、「失敗談」はバラエティーに富んでいます。価値があるのは断然、「失敗談」のほうです。

ただ、仕事における「失敗談」は往々にして、「誰かに迷惑をかけた話」となります。

そのため、「笑える範囲の失敗談」ならまだしも、「笑えないほどの深刻な失敗談」について、人は話すのを躊躇したり、ごまかしたり、隠したりしがちです。

しかしそれは、考え方として「逆」であると私は考えます。

「笑えないほどの深刻な失敗談」にこそ、仕事で決して外してはいけない重要な意味

が込められているのです。自らどんどん話すべきです。

「失敗の負い目」は必要以上に自身を追い詰める

奈良でエステサロンを経営している女性がいました。

名前を熊本晶子《しょうこ》さんといいます。

やがて熊本さんが経営していたエステサロンは倒産・破産。エステサロンはお客さまが先にお金を支払うビジネスモデルですから、お金を払ったのに施術を受けられなくなったお客さまからは大きな非難を受けることになります。**小さな町の中で大々的に経営していたエステサロンでしたから、**

お客さまの数も多く、町を歩けばお客さまから「おい詐欺師、金返せ」と攻撃されることもあったといいます。

追い詰められた熊本さんの頭には、「死ぬしかない」という考えもちらつき始めます。そんな折、インターネットで私のブログを見つけ、「過去に1億円もの借金をし、最終的にヤミ金にまで手をつけ、ありとあらゆるものを差し押さえられ、どん底を経験した板坂裕治郎という人がいるのか。死ぬ前に一度、会ってみたい」と、私にメールを送ったのでした。

メールはとにかく、長く、暗く、重く、「この人は本当に、相当弱っているな」と感じさせるに十分なものでした。

熊本さんが来社する当日。私はスタッフに、「今日はこのような来客がある。かなり弱っていらっしゃるから、温かく迎えよう」と事前に伝えていました。

しかし約束の時刻直前、外出から戻ってきたひとりのスタッフから、不思議な報告を受けました。

「今、会社の前で、派手めな服装の女性が道に迷っていたんですよ。とても『弱っていて、今にも死にそう』な感じではなく、どちらかといえば『お節介な大阪のおばちゃん』といった感じでしたが……たぶん、あの人だと思います」

そして数分後、スタッフの予想通り、「あの人」たる女性が会社を訪れました。

もちろん熊本さんです。

「すみませーん、遅れてしまって。迷っていたんですー」

思いのほか明るい声が会社に響き渡ります。私は拍子抜けしました。

話してみれば、熊本さんは典型的な「明るいおばちゃん」。しかし地元で経営していた大きなエステサロンを潰してしまい、多くの人に迷惑をかけてしまった手前、明るく生きるわけにもいかない。しおらしく町を歩いていると、お客さまから「詐欺師」と指を差され、さらに縮こまってしまう。もっとしおらしくしなきゃと考えるうちに、「生きていちゃダメなんじゃないか、死ぬしかないんじゃないか」と、どんどん追い詰められ、自分を見失っていったのだと泣きながら話してくれました。

か細い声で話す彼女に、私はこうアドバイスを送りました。

「いつまで悲劇のヒロインを演じているんですか？　そんなにしおらしく振る舞うなんて、全然あなたらしくない。経営者としてアホだったがためにこうなったんだから、アホらしく元気に振る舞ったらいいじゃないですか」

すると、自分の本性を見抜かれたことに驚いたのか、今までうつむいたまま話していた彼女は顔を上げて「バレましたか？」といった表情をします。

その瞬間、２人で大爆笑をしてしまいました。

初めて訪れる土地ですべてを見抜かれてしまい、しおらしく振る舞う必要がなく、根っからの明るさが思わず発揮されたのでした。

「倒産させた過去」を武器に、まさかの転身

この明るさは武器になる。私は確信しました。

私は2年間、熊本さんをカバン持ちとして全国のセミナー行脚《あんぎゃ》に帯同させ、会う人会う人に「エステで倒産・破産した女」として紹介しました。

熊本さんは嫌な顔ひとつせず、自分の経営のどこが至らなかったか、どうすればよかったか、もう一回チャンスがきたらどうしようと考えているのかを真摯《しんし》に話します。

こうして顔が売れた熊本さんは、今、なんと「サロン経営スクール」として活躍しています。

「こんな経営をしていたら破産する」という、いわば「エステサロンの潰し方」を体現してきた彼女の話は、決して自分のエステサロンを潰したくない経営者にとって、この上なく貴重なものになっているのです。

「反面教師」を張れるだけの失敗談は、確実に、後進の役に立ちます。消したいほどの恥ずべき過去は、あなたにしか語れない、立派な「武器」となるのです。

あなたにとって
「隠したい過去」が、
まだ見ぬ誰かを救う

「壮絶な闘病」も隠さなくてよい

隠したい過去。病気もまた、そのひとつでしょう。

世の中、克服したことを武勇伝のように語れる病気ばかりではありません。できれば、かかったことを隠したい、かかったことすら思い出したくないような病気もあります。

しかしそれらも、自分から率先してさらけ出すと、同じような病気に悩む人を強く勇気づけることになります。

大津みかさんとは、私が審査員を務めるセミナーコンテストで出会いました。

彼女は登壇者として、「チャイルドマインダー（家庭的保育のスペシャリスト）」という資格を武器に、子どもの教育の仕方についてのセミナーを行いました。

しかし第1章でご紹介した西村博さん同様、彼女のセミナーもまたひどく、つまらないものでした。

コンテスト後の懇親会で、私は彼女に伝えました。

「今日のセミナー、悪いけど全然面白くなかったよ。そもそも結婚もしていない、子どもも産んでいない大津さんに『チャイルドマインダーの資格を持っているから』と子育てを語られても、世のお母さんたちはイラッとくるんじゃないかなぁ」

すると、受け答えにどうも、奥歯に物が挟まったような部分があります。

詳しく聞いてみると、大津さんはうつに苦しみ、精神科に入院していた過去があるのだといいます。

入退院を繰り返した闘病生活は8年にも及び、1日に30錠ほどの薬を飲み続けるという壮絶な日々だったそうです。

ようやく退院を果たし、興味を持った「チャイルドマインダー」という資格を取り、自分のような自己肯定感の低い子どもを助けたいと出場したセミナーコンテストで、審査員の私にけちょんけちょんに酷評されてしまったのでした。

病気の人を勇気づけるのは、医者ではなく「元・病人」である

しかし大津さんは、私に酷評されたところで目に見えてへこたれることなく、次につなげようと懸命に私の話を聞いています。

私は彼女にこう伝えました。

「うつで何年も入院し、薬漬けになっていたにもかかわらず、初対面の私にセミナーを酷評されても、まだ前向きにとらえようとしている大津さんは立派です。世のお母さん方を相手にするのではなく、うつで苦しんでいる人に対して『どれだけ入院生活が続こうが、どれだけ薬なしで生きられない日々が続こうが、うつと折り合いをつけながら社会生活を送ることができる』というメッセージを送るほうに、大津さんの使命があるのではないですか」

大津さんは、自身がうつで苦しんだ経験が誰かのためになるなど、考えたこともないようでした。

ひとつ、疑いようのない事実があります。

うつで苦しんでいる人が目の前にいるとして、助けになれるのは私と大津さんのどちらか。間違いなく大津さんです。

私はうつを患ったことがありません。そのため、うつで苦しむ人の気持ちがわかりません。うつで苦しんでいる人を前にああだこうだと言ったところで、心を和らげるどころか、かえって傷つけてしまう可能性すらあります。

大津さんは違います。

8年間闘病していた。1日30錠の薬を飲み続けていた。腕にはリストカットの傷が痛々しく残っています。入院中は、自殺を図らないようにとベッドに手足を縛り付けられていたといいます。

その大津さんが「大丈夫。うつはよくなる。私をご覧なさい」と訴える。まさに「魂からの説得力」ではないですか。

過去と真摯に向き合えば、「トラウマ」が「強み」に変わる

大津さんは、うつをテーマにブログを書き始めました。

全国のうつに苦しむ人たちから、「共感します」「私の話を聞いてください」というメッセージが寄せられ、瞬く間にファンが増えました。

大津さんはうつの経験と社会復帰への過程を「リボーンアワード」でも発表。観客の涙を誘いました。

「チャイルドマインダー」という資格を武器にした「子どもの教育の仕方」というテーマでは箸にも棒にもかからない話しかできな

かった大津さんが、自身が24時間、何十年と向き合い続けている「うつ」をテーマにした途端、聞き手を一気に引きつける登壇者へと変貌を遂げ、２０１８年の「リボーンアワード」で優勝されました。

単なる「つらかった過去」だと思っていたことも、真摯に向き合うことで「強み」に変わり、それが誰かのためになることもある。

大津さんは、「どんなにつらい経験も、決して無駄ではない」と教えてくれました。

第3章

「行動」で語る

世界を変えるのは
「確かな行動の継続」
である

「単発」の行動は意味をなさない

「行動だけでは、人は動かない」と悟り、「話し方」や「伝え方」を学ぼうとする人がいます。

ただ、私の見てきた限りでは、「行動だけでは、人は動かない」と考える人の多くは、その「行動」が甘い。ほとんどの場合が単発、あるいは2、3回試して動かなかったくらいで、あきらめています。

「行動だけでは、人は動かない」。確かにそうかもしれません。

しかし、しつこくしつこく、これでもかというほど「行動」を継続すると、確実に人は動きます。

「やり続けること」が大事です。

そして、「何をやるか」が大事です。

人を楽に動かそうと、小手先だけの技術を身につけて使おうとする。その「行動」

こそが、自身の説得力を毀損するのです。

母子心中直前で我に返った女性

柿木《かきのき》ゆきさんという女性がいます。

彼女は元・レディースの総長。少女時代からとにかく、グレまくって育ちました。

若くして結婚しましたが、旦那さんも暴走族の人間。ひどいDVを受け続け、その暴力から逃れるため、子どもとともに衝動的に家を飛び出します。

家を出たところで、世話になる当てはありません。いっそ母子心中をしてしまおうと、福井県の東尋坊《とうじんぼう》に向かいました。

その道中、子どもが「お腹が空いた。ラー

メンを食べたい」と、だだをこねます。財布の中には、まだ700円残っています。柿木さんは「最後の食事を」と、途中にあったラーメン屋に引き返し、1杯のラーメンを頼みました。

柿木さんは、温かいラーメンを食べ、スープを飲んだときの、子どもの幸せそうな顔を見て、我に返ります。

こんなにも屈託のない笑みを浮かべる子どもの未来を、私は自分の手で断とうとしていたのか――。

どんなことをしてでも生きなければ。柿木さんは再起を誓います。

柿木さんは必死にお金をつくり、福井の飲み屋街に小さなお店を出しました。

数年後。福井でのセミナーを終えた私は、仲間たちと打ち上げに繰り出し、一軒の小さなお店に入りました。

それが私と柿木さんとの出会いでした。

「この子のためなら何でもする」。その説得力

柿木さんが店を開くに至った壮絶な経緯を聞き、私は胸を打たれました。
一方の柿木さんも、私が行っているセミナーの内容に興味を持ったようです。

「私も参加したい！」

そう食いつく柿木さんを、私は一度、思いとどまらせようとしました。

「やめたほうがいい。ブログを1年間続けるんですよ。セミナー中に寝たら即刻、クビですよ。あなたにはできないでしょう」

それでも柿木さんは「絶対やります」と言って引きません。結局、彼女も私の塾生となりました。

私の予想は、いい意味で裏切られました。

彼女は毎日、世のシングルマザーに向けたブログをコツコツと書き続けました。

また、私が与えるどんな課題も、誰よりも早く提出します。

一度は「死」を覚悟し、子どもの笑顔を見て我に返り、「この子のためなら何でもする」と決意した人間です。

「この子のためなら何でもする」。彼女は直接、私にそう話したわけではありませんが、彼女の行動から、その決意がひしひしと伝わってきます。

行動からにじみ出る説得力が、ほかの人とは段違いなのです。

シングルマザーのための活動をこれでもかと積み重ねる

福井は小さな町です。ブログのファンは瞬く間に増え、スーパーで買い物をしているだけで「あの、ママですよね……?」と声を掛けられ、握手まで求められるようになりました。

柿木さんは、「シングルマザーでも、お父さんお母さんの両方がいる子どもと同じように、不自由なく育てたい」という想いをブログで発信し続けます。
それだけではありません。**彼女はその想いを実現すべく、行動を積み重ねました。**

全世界がコロナショックに揺れた2020年。非正規雇用のシングルマザーが契約を打ち切られる事態が相次ぎました。

そこで柿木さんは「シングルマザーしか働けないエステ」を新たに開業。シングルマザーの働き口を自ら創出します。加えて、シングルマザーが働きやすくなるように、店舗の近くには託児所もつくろうとしています。

また、世の中がマスク不足に陥った当時には、布マスクをつくって全国のシングルマザーに配る活動も行いました。

とにかくシングルマザーに特化し、シングルマザーを助けるための行動を続ける柿木さんに、ついにNHKが注目します。

「世の中のシングルマザーを助ける、シングルマザーの飲み屋のママ」をテーマとした柿木さん密着ドキュメントは、なんと30分番組。地域限定での放送でしたが、異例の高視聴率を記録し（もちろん柿木さんや私が「テレビに出るからみんな見てね」と呼びかけたことも大きいのですが）、ついに全国放送されるまでに至りました。

とんとん拍子に見える柿木さんの活躍ですが、陰では、従業員として雇っていたシングルマザーにだまされたり、お店の売上を持ち逃げされたりと、散々な目にも遭っています。福井県で新型コロナウイルスの感染者が増えたときには、「コロナの原因になるような飲み屋のママがテレビに出ていい気になっている」と、理不尽な誹謗中傷もたくさん受けたといいます。

それでも彼女は、心折れることなく、ひたすらシングルマザーのための活動を続けています。

だからこそ、たくさんの協力者が現れます。たくさんの人が共感し、彼女についてきます。

働く人すべてに必要な「ミッション」「ビジョン」「パッション」

私は、働く人すべてに「ミッション」「ビジョン」「パッション」の3要素が必要だと考えています。

サラリーパーソン、経営者、フリーランス、ひとり社長、士業を問いません。働く人すべてに「ミッション」「ビジョン」「パッション」の3要素が必要です。

109ページの図を見ながら説明していきましょう。

「ミッション」は「使命」。あなたの仕事のスタートラインです。

使命とは「自分の命を使ってでもやりたいこと」。つまり「魂からの説得力」の源泉となります。

「自分の命」を使うわけですから、その内容は必然的に、自分に染みついたものとなるでしょう。第2章で述べた「過去の浄化」の結果、この使命が見えてくる人も多いでしょう。

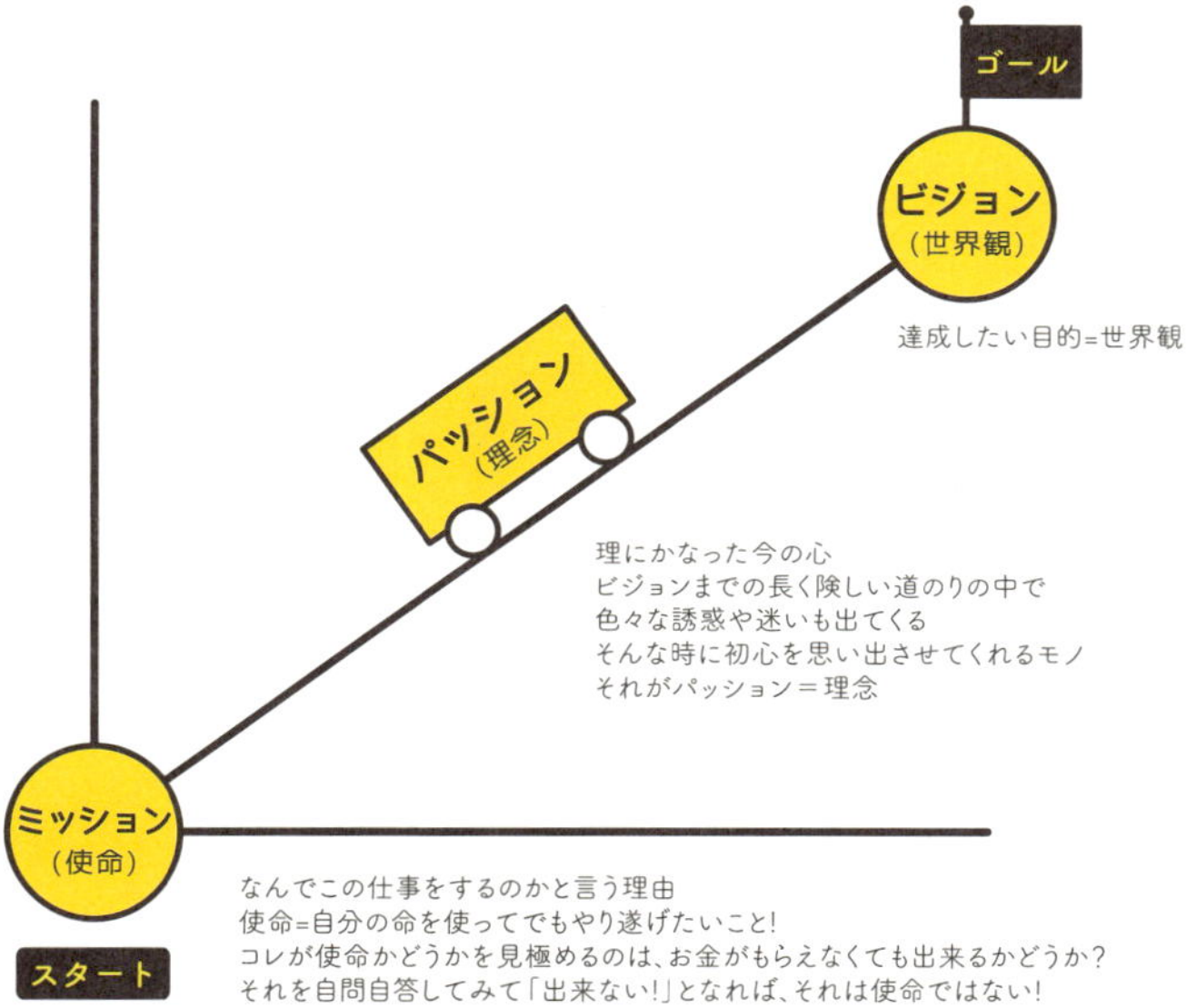

「そんなものはない。自分はただ、生活のために働いている」。そう考える人もいるかもしれません。

しかしそれでも、就職先として会社を選ぶときには、「その会社で働く自分」が想像できるかどうかで決めているはずです。「自分の命を使ってこの会社で働きたい」と感じられるのであれば、あなたの心がワクワクして自分の命も喜ぶでしょうが、「こんな会社で自分の命を使いたくないのに、嫌々働いている」のなら、いち早くほかの働き方を探したほうがよいと私は考えます。

文字通り、命を絶つかどうかの瀬戸際で柿木さんが見いだしたミッションは、「この子のためなら何でもする」でした。その意味ではやはり、「生活費さえ稼げれば、働き方は何でもいい」だったのかもしれません。

しかし柿木さんは、私と出会い、セミナーに参加し、ブログを書き続けることで「ビジョン」を見つけました。

「ビジョン」は「世界観」。

命を使って働くことで、あなたはどのような世界を描きたいでしょうか。

柿木さんは、「シングルマザーでも、お父さんお母さんの両方がいる子どもと同じように、不自由なく育てられる世界」をビジョンとして思い描き、そのための行動を積み重ね続けました。

「パッション」は「理念」。

「理念」という漢字を嚙み砕けば「理に適《かな》った今の心」です。

「ミッション」というスタート地点から「ビジョン」というゴールまでは長い道のり

です。いろいろなことで迷います。急にお金が足りなくなって、四六時中「お金」のことしか考えられなくなったり、逆にあまりに儲かったがために、ビジョンなんてどうでもよくなってしまったりすることもあります。当初思い描いていたのとは違う方向に進むようなこともあるでしょう。

そのようなとき、「そうだ、自分はあそこまで行かなければならないのだ」と基本に立ち返らせてくれるものが理念です。

柿木さんが従業員にお金を持ち逃げされても、理不尽な誹謗中傷にさらされてもなお、シングルマザーのための活動を続けられているのは、「シングルマザーでも、お父さんお母さんの両方がいる子どもと同じように、不自由なく育てられる世界をつくる」という理に適った「今の心」を保っているからでしょう。

人を動かすのは「行動の継続」です。

人を動かせないことを言葉のせいにして、言葉に逃げてはいけません。

「小さな美学」が人を引きつける

あなたが仕事で大事にしていることは？

「あなたが仕事をするうえで、大事にしていることは何ですか？」

ドキュメンタリー番組でよく耳にするこの質問。あなたはすぐに答えられるでしょうか。

「仕事をするうえで、大事にしていることがある」ということは、「仕事」自体を大事に思っているということです。それがたとえ、誰がやっても同じような仕事であっても、不思議とその人が取りかかると、「その人ならでは」の味わいが生まれ、人を引きつけます。

私の塾生に、小さな花屋さんを開いている人がいます。
彼は徹底的に、お客さまを選びます。
「ちょっとお祝いの花を贈っておいて。1万円くらいで。花は何でもいいから」のような雑な注文は受けたくないのだそうです。

「贈る相手がどんな人で、どんな想いで、何を届けたいのか。ぼくは単に花を届けるのではなく、その裏にあるストーリーを届けたいんです」

彼はこう言い、その主張をそのままブログで発信し続けたら、瞬く間に人気店になりました。

私も彼に花を頼んだことがあります。「相手はこんな人で、こんな想いを持って私は花を贈りたい」と伝えると、彼はその想いに合った花や観葉植物を選んでくれます。そして彼が直接、相手に花を届け、私が込めた想いも相手に伝えてくれます。塾生なので手前味噌《てまえみそ》になりますが、素敵な花屋さんだと感じました。

「サクラ」のはずが、熱心に聴講した男性

「小さな美学」が人を動かし、会社の利益を16倍にまでした事例があります。

福井県で、建設現場の足場工事の会社を営んでいる男性が私のセミナーに参加しました。

名前を小林勇二さんといいます。

足場屋さんは言うまでもなく「BtoB」の仕事です。

ここまでの事例を見ていただいてわかるように、私の塾生はみんな、美容院や居酒屋、花屋といった「BtoC」の仕事に携わっている人たち。「BtoB」の事業を営んでいる人が私のセミナーに参加したのは当時、初めてのことでした。

タネを明かせば、なんてことはありません。

福井県のセミナーの主催者が「任せてください、セミナーには目一杯お客さまを呼びますよ」と大風呂敷を広げておきながら、現実には思ったように集客できず、仕方なく自分の友だちに片っ端から声を掛け、いわば「サクラ」として参加してもらったのです。その中のひとりが、小林さんだったのでした。

しかし、「サクラ」であるはずの小林さんは、私が話す内容を真摯に聞き、実践に移してくれました。

情報発信ではなく「自分の考えの整理」のためにブログを執筆

小林さんが営む足場屋は、大手ゼネコンの下請けどころか、孫請けのさらに下の「ひ孫請け」くらいの位置にいました。

これは大変厳しいポジションです。**年間の売上は1億2000万円ほどあるにもかかわらず、利益はたったの100万円ほど。**「親」たる大手ゼネコンから自社に至るまでに多くの中間業者がいるため、小林さんの会社は薄利で受注せざるを得ない立場だったのです。

「下請けから脱して、元請けになりたい」。小林さんは私のセミナーを活かし、自社のポジションを高めようとしました。

彼がブログを始めた目的は、少々変わっていました。

自分が毎日、どのような気持ちで仕事をしているのかを社員にわかってほしくて、ブログを書き始めたのです。

ただ、社員には決して「毎日読め」と強要することもなく、どちらかといえば、日々の自分の気持ちを整理するために書いていたというほうが正確なのかもしれません。

しかし社員は、そのブログと、社長の毎日の行動を見て、奮い立ちました。

美しいこだわりは必ず誰かの目に留まる

足場は基本的に、汚れるものです。

工事中の数週間、組みっぱなしなので、終わるころにはペンキがベッタリとついていたり、コンクリートの破片がたくさん散っていたりします。

多くの足場屋は「足場とはこういうものだから」と、その汚れを放置したまま、次の現場に貸し出します。

しかし小林さんは、「ウチの足場を使ってくれる会社には、毎回、新鮮な気持ちで工事を始めてもらいたい。そのために、ピカピカの足場を貸し出したい」と、前の現場を引き払って戻ってきた、汚れている足場をすべて、毎日、時間をかけて磨き直し

ていました。

最初は小林さんひとりで磨いていました。

次第に、ブログを読んで社長の想いを知った社員が、足場磨きに加わるようになりました。

小林さんはとても喜び、その模様もまた、ブログに載せました。

そのブログが、今度は大手ゼネコンの担当者の目に留まります。

足場をどの会社に頼もうか。インターネットで検索していた担当者は、現場と同じ県内に、「足場」について美学を持ち、それを実現すべく社員が一丸となっている足場屋があると知ります。

もちろん即決。小林さんの会社は一躍、「大手ゼネコンから直接、受注する足場屋」となったのでした。

1年後には、売上は2億4000万円にアップ。利益は1600万円にもなりました。たった1年で売上は2倍。利益は実に、16倍です。

現在では、売上高は5億円にのぼります。「福井ナンバーワン足場屋」どころか、

「北陸ナンバーワン足場屋」にまで成長しました。

「数」の説得力は「SEO対策」に勝る

私は塾生に「ブログを毎日書け」と教えています。

そこには特別な技術は何もありません。

ただ、「好きなテーマに沿って、最低でも1年間、書き続けろ」。それだけです。

とにかく「数」で勝負。年間記事数365本。その「数」が、圧倒的な説得力を生みます。

「ブログを商売の武器にしろ」と教える人の多くは、SEO対策（検索結果で自分のサイトやブログを上位に表示させるための対策）の技術を教えます。

「最少の記事数」で「最大の効果」を得ようというわけです。

私にいわせれば、このような考え方はクソくらえです。

「最少の労力で済ませよう」と考えている人のブログが、誰の心に響くのでしょうか。

SEO対策なんて一切していなくても、書いている記事数が圧倒的なために、嫌でも検索に引っかかる。毎日毎日、自分が何に命を使い、どのような世界を目指しているかを発信している。

　このような、ひとつひとつの「行動」に基づく「事実」が、小手先の技術を凌駕《りょうが》し、人の心をつかむのです。

強みは「大層なもの」とは限らない

無理をして、背負いすぎていないか

自分と向き合って「過去を浄化」し、自分の強みを見つけようとする。するといつの間にか、自分の強みを「大層なもの」に見いだそうとしてしまいがちになります。

ほかの人から見て、インパクトが強いであろう過去を持っていればいるほど、「自分はその経験を活かし、後進のためになろう」と考えるものです。

ここで一度、立ち止まってみてください。

無理をしていないでしょうか。

ほかの人から見て、インパクトが強いであろう過去を持っているからといって、必ずしもその過去を活かさなければならないというわけではありません。

自分にとっての強みが、意外と身近なところにある可能性もあるのです。

冷泉潮美《れいぜいしおみ》さんはトランスジェンダー。本名を深井勝彦さんといいます。体は男性ですが、心は女性です。

冷泉さんは自動車ディーラーで働いていました。自動車の登録手続きを行うのが仕事です。

会社では、トランスジェンダーであることを隠して仕事をしていました。業界的にはまだまだ、男社会。男性のスーツを着て、男として生きる時間が苦痛だったといいます。

やがて冷泉さんは、働きながら行政書士試験に合格し、その資格を活かして独立します。

「日本ではまだ、セクシャルマイノリティ同士が結婚するのは大変。でも自分は行政書士だから、煩雑な手続きもお手の物。世の中のセクシャルマイノリティのいろいろな手続きを代行し、楽にしてあげたい」

冷泉さんは湧き上がる熱い想いを届けようと、セミナーコンテストに出場します。

「セクシャルマイノリティの希望の光になる」よりも大切だったこと

しかし素晴らしい想いを持つ一方で、冷泉さんからは、話していても、書いたブログからも、自信のなさが感じ取れました。

セミナーコンテストで登壇しても、声も主張も弱々しい。せっかく女性の服装で堂々と語れる晴れ舞台なのに、ブラウスもスカートも、その辺で買ったような安物。「女性になりたい」と願っているはずなのに、女性になり切れていないのです。

ちょうどその大会のコメンテーターとして参加していた私は、マイクを通じて冷泉さんに言いました。

「なぜそんなに恥ずかしそうにしているの？　今の冷泉さんの姿を見た、同じセクシャルマイノリティの人はどう思う？『あんなふうになってしまうんなら私は絶対に表に出たくない。だから我慢してでも男の格好の

ままでいよう』と考えるんじゃないですか？　これでは、セクシャルマイノリティを勇気づけるどころか、セクシャルマイノリティの夢と希望を全部摘んでしまうことになりますよ。冷泉さんはセクシャルマイノリティの希望の光になるんじゃないんですか？　わかった、あなたは私の塾にきなさい！」

そこから私の塾生となった冷泉さん。しかしその後も、自信のなさがブログに出てしまいます。これではセクシャルマイノリティを救うどころか、自分自身も救えていません。

どうしたものかと思っていたのですが、ある日、冷泉さん自身が、「なぜ自分に自信を持てないか」を見つけたようでした。

「セクシャルマイノリティ」をテーマにブログを1年間書き続けた結果、冷泉さんは「セクシャルマイノリティ代表として、セクシャルマイノリティの希望の光になる」ことより、「自動車の登録手続き」という、誰もが見向きもしないような地味な仕事を一生懸命やっている自分に最も誇りを持っていたことに気づいたのです。

自分は「セクシャルマイノリティ」をテーマに、世の中にいろいろ発信する自信はない。でも自動車ディーラーで働き、いろいろな人の自動車の登録手続きを代行する中で、「世の中には無駄な仕事なんてない」「地味な仕事でも、しっかりと遂行すると感謝される」と学んだ。**だからこれからは、自分の仕事にやりがいを感じられなかったり、自信を持てなかったりする人に対して、「地味な仕事の大切さ」を発信していきたい。**――これが冷泉さんの本当の「使命」だったのです。

本当の「使命」は意外と身近にある

それから、冷泉さんの物言いやブログの文面はガラッと変わりました。穏やかでかわいらしい口調の中にも、自分の考えを「言い切る」ようになったのです。

これまではどうしても、「こんなことを言ったら、周りから何を言われるか」とビクビクしている印象でした。しかしそれは、発信の主軸が、心の底からの自信を持ちきれていない「セクシャルマイノリティ」にあったから。**「地味な仕事の大切さ」を**

発信するようになった途端、彼女からは自信が満ちあふれるようになりました。

するると不思議なことに、身に纏う服にも、化粧にも、以前より力を入れるようになりました。「セクシャルマイノリティ」に主軸を置いていたころより、よっぽど魅力的に映るようになったのです。

無理をして「大層なもの」を背負う必要はありません。本当の「使命」は何なのか。じっくりと探しましょう。

「好き」。これ以上の強みはない

「売りもの」に心底惚れ込んだ営業スタッフが誕生するまで

「話し方」「伝え方」より「生き方」だ。

ブログに「特別な技術」なんていらない。好きなことを毎日書けばいい。

私が教えていることながら、「この教えは本当に正しいのだ」と改めて気づかせてくれたのは、梶谷真一《かじたに》さんです。


梶谷さんはもともと、工務店に勤める大工でした。

仕事より、趣味のトライアスロンに一生懸命。出社した瞬間から「ああ、早く帰ってトライアスロンの練習をしたい」と考えるような大工でした。

そんな折、会社の経営状態が悪化し、梶谷さんは同業他社に転職します。

その会社で梶谷さんは、サイエンスホームが手掛ける「木の家」に出会います。

梶谷さんは「木の家」の営業を請け負う会社で、営業兼施工を任されました。

優しい光が射し込み、温《ぬく》もりあふれる「木の家」に、梶谷さん自身がハマりました。

「これは素晴らしい家だ。ぼく自身がこの家に住みたいくらいだ」

梶谷さんは「木の家」の営業に邁進《まいしん》しました。

実は、梶谷さんは、最初に勤めていた工務店で、とくにこだわりを持つこともなく、なんとなく自分の家を建ててしまっていました。

「木の家」に出会った梶谷さんは、それを激しく後悔します。

「世の中にはこんなにも素晴らしい家があるというのに、なぜ自分は、あんなに安易に自分の家を決めてしまったのか」

梶谷さんはその後悔を踏まえ、「お客さまには自分と同じような後悔はさせまい。何としても『木の家』のよさを伝え、住んでもらいたい」と、ブログを毎日更新し、「木の家」の素晴らしさを全世界に発信しました。

ブログに「文章力」は必要ない

梶谷さんのブログを一読するとわかります。

はっきり言って、彼には「国語力」がありません。「てにをは」すら怪しいところがあります。

ただ、彼が「木の家」に惚《ほ》れ込んでいることは、はっきりと伝わってきます。

「売っている自分が、売りものである『木の家』に惚れ込んでいる」「自分は何の変哲もないふつうの家を建ててしまった。『木の家』にすればよかったと後悔している」「とにかくお客さまには『木の家』のよさをわかってもらいたい」。毎日毎日、ただただ、そのようなことをブログに書き続けました。

家は一生に一度の買い物です。

お客さまは、さまざまなメーカーの家を片っ端から調べまくります。

どのメーカーも、自分たちが売る家はほかのメーカーと比べてどう違うのか、どこが優れているのかを理路整然と並べ立てています。

その中にあって、梶谷さんのブログはひときわ輝きます。なにせ稚拙な文章で「売りものである『木の家』に惚れ込んでいる」ことと、「自分も『木の家』にすればよかったと後悔している」こと。「お客さまには『木の家』のよさをわかってもらいたい」ということだけを、1年365日、熱量たっぷりに書き続けているのですから。

「一生に一度の買い物」を誰に託すか。お客さまは、「好き」があふれている梶谷さんに賭けてみようと、彼を選ぶわけです。

あるお客さまが、梶谷さんに直接コンタクトをとり、店を訪れました。

梶谷さんが「木の家」の特徴を伝えようとすると、お客さまはにこやかにそれを制したといいます。

「いいんです。『木の家』のよさも、梶谷さんがどれだけ『木の家』が好きかも、よくわかっています。梶谷さんのブログ、全部読んできましたから。私たち家族はもう、梶谷さんにお願いしたいと決めているんで

す。ここにはもう、印鑑を押しに来ただけなんですよ」

「好き」。ただそれだけをブログで発信し続けるだけで、一生の買い物である家までもが営業なしに売れてしまう。

「好き」は最強の強みなのだと感じます。

「お客さまを裏切りたくない」。それが転機だった

天職を見つけたかに見えた梶谷さんですが、この後、試練が訪れます。

梶谷さんが勤める会社の社長は、経営感覚に乏しく、会社は借金まみれでした。梶谷さんが「木の家」の契約を取り、手付金を会社に入れても、そのお金は即、借金の返済に回されてしまう始末。文字通りの自転車操業です。

順調に契約がとれ続けていれば自転車操業でもなんとかなるのでしょうが、いかんせん売りものは家です。いくら梶谷さんとはいえ、そうポンポンと売れません。

次第に資金繰りは滞り、ついには「お客さまから手付金をいただいているのに、そ

のお金はほかの資金繰りに回されていて会社にはお金が一銭もないから、家づくりに取りかかれない」という事態に追い込まれてしまいました。

そもそも、この会社における「木の家」の営業手法は、梶谷さんの「人間性」が命綱でした。

梶谷さん自身、お客さまをだますつもりなんて毛頭なく、ただお客さまの幸せだけを考えて、「木の家」を売ってきました。

しかし、このまま「お客さまにいただいた手付金は、すべて会社が別の用途に使っていました。そのため家を建てられません。ごめんなさい」では、梶谷さんに非はなくとも、梶谷さんがお客さまを裏切ったかたちになってしまいます。

それは嫌だ。梶谷さんは親類縁者に頭を下げ、お客さまからいただいていた手付金の総額と同額である700万円を工面。少なくとも、自分を信じてすでに契約を終えているお客さまの家は完成させられる金銭的目処を立てます。

ところが社長は、このお金さえも他の支払いに回してしまい、最終的にはどうにもならなくなって、会社ごと夜逃げをしてしまったのです。

「好き」という気持ちが自身を救う

梶谷さんは私に「あいつから、お客さまの手付金である700万円を取り返す、よい方法はないでしょうか？」と聞いてきました。

いろいろな修羅場をくぐっている私なら、何かよい方法を知っているのではないかと考えたのでしょう。

しかし私は即答しました。「ない」と。

事実、お金のない人からは、一銭も取れません。

失った700万円を取り戻すことに時間と経費をかけるくらいなら、裸一貫、ゼロから自分の会社を立ち上げ、稼いだほうが速い。今は取り返すことに頭や時間を使うより、その700万円を工面して、目の前のお客さまを助けるほうが大切だ。700万円で経営の生きた勉強をしたと思えば、安い投資だよ——私は梶谷さんに笑顔でこう伝えました。

そして梶谷さんは、手付金ごと無くなったお客さまの案件を引き継げるようにサイエンスホームの社長に頼み込み、返ってこない700万円どころか、新たに金融機関から800万円を借入します。

負債総額1500万円で、梶谷さんは「個人の『木の家』営業」として再出発しました。梶谷さんを救ったのは、ほかでもない、梶谷さん自身の「『木の家』が好き」という気持ちです。

サイエンスホームは本来、「対法人」でなければ取引をしない会社でした。しかしサイエンスホームの社長も、「『木の家』に惚れ込んだ梶谷さん」に惚れ込んでいて、特別に「個人」としての梶谷さんとの取引を認めたのです。

梶谷さんの会社に裏切られたはずのお客さまたちも、梶谷さんを待っていました。梶谷さんはお客さまに新たな金銭的負担を強いることは一切なく、「木の家」の施工に着手しました。苦しい状況にありながら、ブログも毎日、書き続けました。

「個人」として出直した初年度。梶谷さんの営業活動はほぼ「ブログのみ」だったのですが、新規の契約を7棟も取り付けました。

ここまでの経緯を読んでいただければ、新しく「個人」として出直した梶谷さんが、「ブログのみ」の営業で7棟もの契約を取り付けたことがいかに驚異的か、わかっていただけるでしょう。

あなたは何かに惚れ込んでいるか？

梶谷さんは今、個人から法人に変え、社名も株式会社「木の家」にし、変わらず「木の家」を売り続けています。

2020年には、北は北海道から南は沖縄までのサイエンスホーム加盟店128社・約200名の営業パーソンの中で、個人成績で日本一を達成されました！

人間、年をとればとるほど、何かに夢中で惚れ込むことはそうそうなくなります。だからこそ、何かに夢中で惚れ込んでいるとしたら、それはあなたにとって大きな強みとなります。

梶谷さんの波瀾万丈《はらんばんじょう》な人生を支え、いろいろな人を引きつける大きな力となったのは、「『木の家』が好き」という梶谷さん自身の気持ちひとつです。

人生はシンプルなものです。「好き」を超える強みなど、この世に存在しません。

年齢を「学ばない言い訳」にするな

「元気なお年寄り」となるか「老害」となるか

いつの世の中も、「元気なお年寄り」は愛されます。

そして「元気なお年寄り」には、ある共通点があります。

ほぼ全員が、自分のことを「年寄り」だとは考えていないことです。

体力的な衰えには抗えないのかもしれませんが、気持ちがとにかく若い。何事にも好奇心旺盛で、新しい技術にも先入観なく飛びつきます。

「もう年だから」と、年齢を言い訳に新しいことを学ばなくなる人は、かつての成功体験にすがり続ける「老害」へと一直線に進んでいきます。

私の塾生の中で最年長である亀岡洋司さんは、本稿執筆時点で70代後半。堂々の「アラウンド・エイティー」です。

出会いは10年ほど前。亀岡さんが60代後半のころのことでした。

その当時の私は、まだ借金まみれのどん底状態だったので、広告を出すお金なんてありませんでした。しかし何かをやっていかなければと思い、広島県中小企業家同友会の名簿にあるメールアドレスに、私のメールマガジン【アホ社長に喝！】を勝手に送りつけました。本来なら送付の許可を取ってから送るのでしょうが、当時の私には許可を待つ心の余裕はなかったので、「送りつけた後に怒られるのなら後で謝って済まそう！」と考え、一斉送信。

いきなり知らないヤツから【アホ社長に喝！】と届くわけです。案の定、2割程度の方から「勝手にこんなメールを送ってくるな」と非難ごうごうでしたが、その中で、「あんたにいろいろ教えてもらいたいんだけど」と教えを請うてくる人がいました。

その人こそが亀岡さんです。

70歳を超えて「最新の営業手法」を導入

私は正直、「弱ったな……」と思いました。

ほかの塾生と比べても段違いな「年上」で、私の教えを素直に受け入れてくれるかも、ついてこられるかも見えなかったからです。

亀岡さんは、家の外壁塗装を請け負う仕事をしていました。

亀岡さんが自分で塗装するのではなく、亀岡さんが仕事をとってきて、それを専属の業者さんに任せるという中間業のような立ち位置です。加えて、地元の不動産もいくつか持っていて、不動産業の顔もありました。

そのプロフィールもまた、私の教えがそのまま通用するのかどうか、不透明でした。

私は亀岡さんに尋ねました。

「私の塾では、ブログを毎日欠かさず書かなければならないのですがご存じですか？」

亀岡さんは答えます。

「それはわかっている。だけどブログの書き方がわからない。教えてくれ」

「ブログの書き方がわからない」とは、どのレベルの話か。覚悟を決めて手取り足取り教えようと、亀岡さんに寄り添ってみると、最初の質問が「矢印がなくなっちゃったんだけど……どこにいっちゃったのかね」。想像以上でした。

しかし、好奇心旺盛なのが亀岡さんの長所。何事も新しく勉強し、チャレンジしながら、すぐに上達していきました。

私は20歳以上年上の亀岡さんに、「まずはチラシを撒《ま》き、その次にランディングページを見てもらい、さらにブログを見てもらって信用してもらい、その後に受注をもらう」という、ほかの塾生に教えているそのままの手法を指導しました。

彼はそれまでのやり方に固執することなく、「なるほど。それはいい」と素直に受け入れ、不慣れなパソコンと悪戦苦闘しながら毎日ブログを更新されました。売上はグンと跳ね上がりました。

今ではスマートフォンでブログを書き続けています。亀岡さんの進化は止まりません。

「年齢」を言い訳にした瞬間、人は老いる

近年、早期退職をした50代そこそこの年齢で、私の塾に入る人が増えています。

しかし彼らの多くは、新たな課題を提示するとすぐ「もう年が年だから、これは難しい、あれはやりたくない」と、年齢を理由に新たな挑戦を拒みます。

このような反応に直面するたびに、70歳近くになって、見ず知らずの年下のコンサルタントに「あんたにいろいろ教えてもらいたいんだけど」と教えを請うてきた亀岡さんのバイタリティのすごさを思い知らされます。

「年齢」を言い訳にした瞬間、人間は老いていきます。

私自身も、亀岡さんのように若々しく年を重ねていきたいと思います。

コミュニティの「人が嫌がること」を引き受けろ

営業の「4フェーズ」でお客さまを身内化

見ず知らずの人間にモノを売る。

身内にモノを売る。

どちらが簡単かといえば、断然、後者です。

あらかじめ「この人はどのような人か」がよくわかっているうえに、住所も電話番号も知っているため、万が一の場合にも対応できるからです。

そこで私は、ありとあらゆる人を「身内化」することを、営業メソッドのひとつとして塾生たちに教えています。

何も、本当に「家族になれ」と言っているわけではありません。

あらゆる人から、精神的に「身内だ」と思われる人間になりなさい、と教えているのです。

営業活動は上の図のように「4つのフェーズ」に分けられます。

こちらが何者で、あちらが何者かをお互いが把握する「信頼構築フェーズ」、「実はこうなんだよね」と心の中の本音を打ち明け合う「感情表現フェーズ」、「今困っているのはここなんだよね」と現状の問題点を話す「問題特定フェーズ」、そして「その問題点を解決するのはこの商品がいいのではないですか」と提案する「商品説明フェーズ」の4つです。

このうち「信頼構築フェーズ」「感情表現フェーズ」の2つをとくに「身内化フェーズ」と呼んでいます。

商品がずば抜けて優れている場合や、不特定多数に告知しても確実に売上が見込める場合は、「身内化フェーズ」は必要ありません。テレビショッピングがいい例でしょう。いきなり「こんな問題ありませんか？　ありますよね。困りますよね」と切り込み（問題特定フェーズ）、「それを解決するのはこちら！」と商品の説明をして（商品説明フェーズ）、電話番号を提示。4フェーズのうち後半2フェーズだけの乱暴なパッケージですが、安定した売上を誇っています。

しかし、一般的な営業活動でいきなり「問題特定フェーズ」から入ると、確実に軋《あつ》轢《れき》が生じます。

誰だって、見ず知らずの人間に問題点を指摘されたくないからです。「お前に何がわかるんだ」という話です。

どうやって「身内」を増やすのか

そこで、まずは「信頼構築フェーズ」と「感情表現フェーズ」、つまり「身内化フェーズ」にのみ徹底的に注力し、「身内」を増やすことを私は提唱しています。

私は4フェーズの比重を、前半2フェーズの「身内化フェーズ」を「9」、後半2

フェーズを「1」くらいに考えています。私自身の営業活動を振り返っても、ほとんど「身内化フェーズ」にあたる行動しかしていません。

どうすれば「身内」を増やせるのか。

私が実践し、塾生にも教えている手法は、「ありとあらゆるコミュニティに所属し、人が嫌がることを引き受ける」というものです。

ビジネスのコミュニティ、趣味のコミュニティ、地域のコミュニティ。何でも構いません。とにかく、何かしらのコミュニティに所属する。これが第一段階です。

そして、そのコミュニティの中で、何かの役目や委員会メンバー、司会や写真撮影、懇親会の幹事といった、面倒くさそうな「人が嫌がること」を率先して引き受ける。

これが第二段階です。

なぜ「人が嫌がること」を引き受けるのか。

相手のほうから「いつもありがとうね」と、身内認定をしてくれるようになるからです。

たとえば、私が所属している中小企業家同友会は、県全体で2500人以上います。名刺交換をして、簡単な挨拶をするだけで覚えてもらうのは至難の業です。

そこで私は、中小企業家同友会に加入して間もないころから、会合やイベントの司会を率先して引き受けることにしました。

名刺交換タイムで名刺交換をするだけでは、自分は「2500人のうちのひとり」でしかありません。しかし司会を買って出ることで、一気に「1対2499」の関係となります。会合やイベントの合間には相手から挨拶に来てくれますし、司会は目立ちますから、直接名刺交換をせずとも相手が顔と名前を覚えてくれることもあります。

中には「いつも頑張ってくれているから、何をやっている方かなと思って、名前を検索してブログを読んでみたよ。面白いね」と、挨拶をしないうちからこちらに親近感を持ってくださる方もいます。いきなり仕事の依頼が舞い込んだこともたくさんあります。

ゼロから飛び込み営業をして、営業活動の4フェーズを踏み、いざ売ろうとなったら、何年かかるかわかりません。しかし「コミュニティに所属する」「人が嫌がることを引き受ける」というただそれだけで、クロージングまでのスピードを思いっきりショートカットすることができるのです。

自分から「ビジネス」「営業」を話題に出すな

コミュニティに属し、人が嫌がることを引き受ける。

その過程でひとつ、注意していただきたいことがあります。

「決してこちらから、ビジネスの話も、営業の話もしない」ことです。

あなたも出会ったことがあるでしょう。趣味のサークルに入ってきて、にこやかに自己紹介しているのにどこか胡散《うさん》くさく、なんとなく「ああ、この人は自分たちと仲良くなってモノを売りつけようとしているのだな」と目的が透けて見えてしまう人に。

「身内化フェーズ」では、商売は二の次です。

ひたすら、人が嫌がることを引き受けるのに徹しましょう。

焦らずとも、チャンスは自《おの》ずと、相手のほうからやってきます。

「体裁」なんて考えるな

「介護を変えたい」。多くの人の想いを束ねる

なりふり構わない姿勢に、人は惹《ひ》かれます。

「使命」というスタートラインに立ち、「世界観」というゴールに向かって、「理念」を確認しながらひたすら進む。「人からどう見られているか」なんて邪心が入り込む余地などなく、愚直に自分の道を邁進する姿が、人の心を打つのです。

前田麗子さんはケアマネジャーです。

出産後、母親の終末期介護をしたのをきっかけに介護に興味を持ち、介護の仕事に就きました。

介護は、国のルールに大きく左右される仕事です。彼女もルール変更に振り回されることがたくさんありました。

このままでは、日本の介護はよくならない。前田さんは、日本の介護を変えなければと常々考えていました。

最も早急に変えなければならないと考えていたのは、介護従事者の報酬です。

とにかく報酬が安すぎる。だから介護従事者になりたいと考える人が少ない。ひとりで20人以上の寝たきりになったお年寄りのオムツを交換したり、1日にひとりで10人のお年寄りをお風呂に入れたりしなくてはいけない。これでは介護される側も、介護する側も幸せになれない。

前田さんはブログで毎日、叫び続けました。

そのブログを読んだ人から、「前田さんの考え方に共感します!」という声が連日、続々と届きました。

前田さんは、声を届けてくれた読者の方達と共に、介護に対する思いを共有する会「ケアマネジャーを紡ぐ会」を同士と共に運営しています。

「仲良しこよしクラブのリーダー」を脱し、市議会議員へ

ちょうどそのころです。前田さんが私の地元である広島に遊びに来ました。

これ幸いと私は、運営しているYouTubeチャンネル「ゆうじろうチャンネル」に

出演していただきました。

私は前田さんに「最終的にどんな世界観をつくりたいのですか？」と尋ねました。

すると彼女は、「世界観……？　世界観って……？」と戸惑います。

どうやら彼女は、自分の想いに共感してくれる人がたくさんいて「楽しい」「心強い」という気持ちはあれど、「本気で介護の世界を変えるんだ」「組織を束ねて、国の制度を変えるんだ」という熱い決意を持つまでにはまだ、至っていないようでした。

「このままでは、ただの『仲良しこよしクラブ』でしかない。これでいいのですか？」

大きな課題を残したまま、YouTube動画は幕を閉じました。

それから2週間と経たないある日のことです。

前田さんから「私、決めたんです」と連絡がありました。

「市議会議員になります」

彼女はそう言いました。

私は思わず「はぁ？」と声をあげました。

「どういうことや？」

彼女は答えます。

この前、私に「仲良しこよしクラブのままでいいのか」と問われた。いいわけがない。この国の介護を本当に変えたい。そのためにはどうすればいいのか。仲間と話し合う中で、「市議会議員になったらいいのでは」という意見が出た、と。

それまでは「市議会議員」なんて選択肢など、想像もしなかったけれど、よくよく考えたら、確かにこれはいい案だと思える。だから立候補する――。彼女は本気でした。

はっきり言えば、前田さんはそれまで、政治にまったく無頓着。右を向いているのか左を向いているのかもよくわかっていないような人でした。

しかし「介護を変えたい」という一心で、無所属として愛知県岡崎市の市議選に出馬。そしてなんと、当選したのです。

「体裁なんて二の次」の姿勢に、有権者は動いた

選挙期間中、彼女は政治の知識がないことをごまかしも、隠しもしませんでした。勉強したところで、先のことはわからない。だからまず、政治の世界に飛び込んでみて、走りながら、できることをやっていく。彼女は終始、こう訴え続けたのです。

「選挙で当選したい」という気持ちばかりが透けて見え、できもしないことを声高に訴える候補者が多い中で、彼女のまっすぐな想いは、「この人に任せてみたい」という信頼を獲得しました。

また、出馬表明してから街頭で手を振り始めたり、ブログを書き始めたりする候補者が多くいる中、彼女が出馬表明よりはるか前からブログを毎日更新していたことも、「この人は本気なのだ」という説得力をもたらしました。

結果、前田さんは見事に当選を果たしたのです。

私は正直、彼女が挑戦1回目でいきなり当選するとは思っていませんでした。だから彼女には、こう諭していました。

「今回出馬して、大敗して、『次はもう出ない』なんて言うんだったら、はじめから出ないほうがいいですよ。ただの記念出馬かパフォーマンスと思われるだけですから」

彼女は迷いなく、「今回ダメでも、次回、絶対に出る」と言っていました。

実際、彼女には、「当選しなかったらどうしよう」なんて想いはみじんもありませんでした。ふつうは、「選挙に落ちたら恥ずかしい」「町を歩きづらくなる」なんて考えてしまうものです。しかし彼女は「当選しなかったらしなかったで、そのときにまた考える」という姿勢を貫き、自らの体裁は二の次に考えていました。

このような「介護の世界を変えるための最善策」をとり続ける彼女に有権者は共感し、一票を彼女に投じたのです。

第4章

「逆境」を乗り越える

「理念」が固まれば、
どん底からでも立て直せる

窮地に陥れば陥るほど「理念」の価値がわかる

第3章で私は、働く人すべてに「ミッション」「ビジョン」「パッション」の3要素が必要だと述べました。

「ミッション」は「使命」というスタートライン、「ビジョン」は「世界観」というゴール、そして「パッション」は「理念」という、「理に適った今の心」です。

「ミッション」が定まれば、スタートラインから走り出すことができます。しかし「どこに向かって走り出すか」が定まらないため、誰もが求めていない、あさっての方向に暴走してしまう危険もあります。

「ミッション」と「ビジョン」が定まれば、目指す場所に向けて走り出すことができます。しかし「世界観」は、いわば「終わりのないゴール」であり、たどり着くには途方もない年月がかかります。先の見えない旅に疲れ、途中であきらめたくなったり、投げ出したくなったり、欲に負けたりすることもあるかもしれません。

そこで重要なのが「パッション」です。

働く人すべてに必要な3要素

「そうだ、自分はあそこまで行かなければならないのだ」と基本に立ち返らせてくれる理念を持てるかどうか。窮地に立たされれば立たされるほど、「理念」は大きな力を発揮します。

「借金まみれ」の会社を引き継ぐ

岡田久美子さんは、広島県にある「KIARA」というエステサロンで働いていました。

岡田さんはKIARAで中核を担う社員でしたが、残念だったのは、社長が経営者として「終わっていた」ことです。

エステ業である程度儲かると、「次は飲

食だ」と、当時は珍しかったオーガニック中心の飲食店を次々と出店しました。調子のいいときは、「ミッション」「ビジョン」「パッション」などなくても、何をやっても数字が上がってしまうものです。エステ事業は繁盛し、社長はそのお金を飲食事業にどんどんつぎ込みます。

しかし案の定、経験もなく、計画性のない飲食事業はみるみるうちに行き詰まります。エステ事業の利益が飲食事業につぎ込まれ、最終的には業者への支払い、税金、社員の給料を未払いにすることで急場をしのぐようになります。

しかも、未払いになっている業者への支払いや社員への給料についての説明は、岡田さんともうひとりの幹部の2人任せ。業者の支払いはともかく、未払いになっている社員には「申し訳ない」と言ってほしいと嘆願するも、何も変わらない。このままだと本当に潰れてしまう。そう感じた岡田さんたち2人は、会社経営について社長に本気で直談判します。すると、社長も彼女たちに疲れたのか「そこまで言うなら自分たちでやってみろ」という話が出ました。

たくさんのお客さまを抱えている現状があり、お客さまを裏切りたくないという気持ちから、岡田さんは社長から会社を譲り受ける決断をします。

そして会社譲渡の手続きをすべて終えてわかったのは、この会社が抱えていた借金1億円までもが、まるまる引き継がれていたことでした。

岡田さんは30歳にして、何の準備もなく、借金まみれの会社の社長を務めることになったのでした。

「借金返済のために仕事をする」という考えを捨てる

どこから手をつけていいかわからない……。まずは収支を見直し、銀行返済をリスケしてもらい、店舗を縮小するなど、できることはすべて着手しました。しかし借金まみれの会社運営に明るい未来は見えず、「この先ずっと、借金返済のために仕事をしないといけないのか」と思うと、恐怖で眠れない夜が続きました。

その状況で岡田さんは、私のもとを訪ねました。

岡田さんの頑張りもあり、従業員は全て残っていたので、私はまず、企業理念をつくることを提案しました。

なにせ借金の額は1億円です。岡田さんひとりが頑張っても、どうにもならない額です。

みんな、このような状況に追い込まれてもなお「エステが大好き！」「お客さまをきれいにしたい」という想いを持っている面々です。

これまで最悪の社長が経営していたこの会社には、経営理念がありませんでした。理念のないままでは、いきなり背負った「借金1億円」というハンデキャップを乗り越えられるかどうか、心許《こころもと》ないといえます。

この会社をどうしていきたいのか。ただ借金まみれのまま返済に追われるだけで終わっていく会社ならもう、今のうちに潰したほうがいい。でもそれでは、やはりお客さまを裏切ることになる――このままでは夢がなさすぎる。そう考えた私は、岡田さんをはじめとする従業員全員に交じり、今の状況を無視して「この先どんな仕事をし、この会社をどうしたいか？」を話し合いました。

結果、岡田さんたちはひとつの理念を定めます。

「私たちは、あなたを10年先の輝く未来へ本気で導きます！」

今目の前にある借金返済のためではなく、お客さまに、10年後もより輝いてもらうために全力でサポートする。彼女たちは本気で、ＫＩＡＲＡの向かうべき未来を創り出したのです。

「お客さま」だけでなく「協力者」も増える

ＫＩＡＲＡの快進撃が始まりました。

これまでがこれまででしたから、経営が一新され、お客さまは確実に増えていきました。

全員の想いで創り上げた経営理念をもとにブログで発信すると、ひとりの女性から「ぜひＫＩＡＲＡで働かせてください」という申し出がありました。

「弊社で働きたいということですが、どちらにお住まいですか？」

「東京です」

「申し訳ありません。弊社の本社は広島で、東京には支社がないんですよ」

「いえ、広島に引っ越しますから、どうか雇ってください！」

「ミッション」「ビジョン」「パッション」。

すべてが揃ったＫＩＡＲＡには、お客さまだけでなく、一緒に未来を創造できる協力者も増え続けているのです。

引き継いだ借金も、完済の目処が立ったと見ていい数字でしょう。

「ミッション」と「ビジョン」の陰に隠れがちですが、前に突き進むためには「パッション」の存在を忘れてはいけないと思い出させてくれる事例です。

組織で埋もれている
人こそ「個」で輝く

「仕事のできるあの人」と自分を比べる必要はない

「頑張っているはずなのに、上司から評価されない」

「もしかしたら、自分はサラリーパーソンとして働くのは向いていないのかな……」

「でも、自分の実力には自信がある」

「フリーランスとして独立し、何にも縛られず、自分の力を伸び伸びと発揮したい」


会社の中である程度の年月働いていると、誰もがふと、「自分は本当に、ずっとこの会社で働き続けるのか。それとも外の世界に飛び出すか」と考えるものです。

中には他社への転職ではなく、独立や起業を考える人もいるでしょう。

しかしそんなとき、やはり自分の中にもうひとつの想いが芽生え、新天地への一歩を踏みとどまらせようとします。

「あんなに仕事ができる同僚のあの人ですら、もっと待遇のいい他社に転職したり、独立したりせず、この会社で頑張る決断をしている。それなのに、自分ごときが外の世界へ飛び出そうなんて、まだまだ早いな」

多くの人はこうして、新たなチャレンジを自重してしまうのです。

私は、「何が何でも会社を辞めよ」「外の世界へ飛び出せ」「独立せよ」と考えているわけではありません。サラリーパーソンとして自分なりに「ミッション」「ビジョン」「パッション」を持ち、自分らしく働いている人はたくさんいます。

ただ、私の塾生の中には、「サラリーパーソン時代は評価されなかったけれど、個人として働き始めた結果、強烈な強みを発揮し始めた」人が多くいるのも事実です。組織で埋もれていた人が、「個」として独立した途端に輝く。そのような事例も現実にあるのです。

「お客さま志向」が技術を凌駕する

小野麗子さんは、横浜の美容院で働いていました。

しかし、なかなか指名客がつかず、自分の給料ほどの売上をあげることすらできません。お店のオーナーはとてもやさしかったのですが、彼女は自分を「お店の『お荷物』だ」と思っていました。

「お荷物を脱却するには、どうすればよいでしょう」

彼女は私に教えを請うてきました。

「自分はカットが上手なわけではありません。強みなんて何もありません。どうすれば売上をあげることができるのでしょうか。何をしていいのか、まったくわかりません」

小野さんの訴えは、とても素直で、まっすぐでした。

私は小野さんに伝えました。


「大丈夫。そもそも『カットのうまい、下手』なんて、自分ではなくてお客さまが決めること。そんなものは強みのうちに入らないんだ。それでも、それをわからずに『自分の強みは、カットがうまいことです』と言う美容師が多い。そんな美容師はすぐに超えられるよ」


小野さんに、「お客さまのために、自分なりに工夫していることはあるか」と聞くと、しっかりとした答えが返ってきました。

「白髪の勉強をしている」と。

小野さんのお客さまには、白髪を気にしている年輩の女性がとても多いのだそうです。

そこで「どうして白髪が生えるのか」を自分なりに勉強したところ、白髪は「遺伝の問題」ではなく、血流が頭皮に行き届かなくなって黒い色素が抜けてしまうために起こる「血流の問題」であることがわかったといいます。つまり白髪は、頭皮への血流をよくするアプローチを施すことで、「改善可能」なのです。

私は感心して、その話をぜひ、ブログで発信すべきだと伝えました。

小野さんは教えに忠実に、毎日、ブログを更新します。

すると、これまでが嘘のように、あれよあれよとお客さまがつき始めます。

「カットが特別、うまいわけではない」と自認し、お客さまがつかなかった小野さんは、個人として「白髪」を研究し、ブログで発信し始めたことで、一気にお店の主力美容師へと駆け上がったのでした。

小野さんはついに、夢であった独立を果たします。

うまくいかないなら、すぐ次の一手に動く

さて、ここからが小野さんの「変わっている」ところです。

「せっかく自分のお店を出すのなら、ライバルのいないところでやりたい」。そう考

えた小野さんが出店先に選んだのは、たまたま旅行で訪れた、鹿児島県のとある島でした。

その島の中心地には、美容院が数十軒あります。しかし島のはずれのほうにある村には、美容院が1軒もありません。住民はみんな、片道1時間以上かけて街に出て、髪を切っています。小野さんのメインターゲットである、白髪が目立つ年齢層の方の中には、「髪を切るだけに往復2時間もかけるのは面倒くさい」と、ただゴムで長髪を束ねるだけの人も少なくありません。

こんな不便な町を、自分の技術で助けられるのなら、「ここは美容院のブルーオーシャンだ」。小野さんはそう考え、この島への出店を決意したのでした。

小野さんが島に移ってしばらく経ったころ、「調子はどうだ」と連絡を入れてみました。

小野さんは「全然儲かってません！」と、あっけらかんと答えます。

残念ながら、その島は閉鎖的な風土が残っており、小野さんはまだ「よそ者」としてしか見られていないのでした。

島の人たちを助けたいと思ったけれど、現状では「よそ者がよくわからない美容院を出した。あんなところに行っちゃいけないぞ」と警戒されていて、あまりお客さまが来ないのだといいます。

「島の人の白髪の悩みを解消してあげたいと思ったのになぁ……」と嘆く彼女を、私は「本人たちが『白髪を治したい』と思っていないのだから、仕方ないだろう」と諭しました。

これが彼女にとって、「次なる一手」のヒントになったようです。

「オンライン」こそがブルーオーシャンだった

島にいながらにして、「白髪を治したい」と願う人を助けるには、どうすればよいか。

小野さんが見いだしたのは「オンライン診断」という道です。

折しも、世はコロナ禍。ビデオ通話を使ってのコミュニケーションが広がりを見せていました。

ビデオ通話を使って、白髪に悩む人の髪を診断し、その状況に応じて生活リズムや食生活をアドバイスする。小野さんはこのようなサービスを始めたのです。

これが大当たり。全国から申し込みが殺到しました。「村内に美容院が1軒もない。みんなさぞかし困っているだろう。私がなんとかしてあげなければ」。その想いの結果が、全くライバルのいない場所での出店だったわけですが、それは巡り巡って、ライバルがまったくいない「オンライン美容室」として結実したのでした。

もちろん、島での実店舗も絶賛営業中です。ようやく、少しずつ島の人たちのコミュニティに入れてもらえるようになり、お客さまもひとりずつ増えているといいます。

「個」として独立して輝いた魅力

「困っている誰かの役に立ちたい」という彼女の想いは素晴らしいですが、「白髪の人がたくさんいて、周りに美容院が1軒もないから」という理由だけで、かつて旅行で訪れたことのある鹿児島県の島を出店先に選ぶのはいささか短絡的です。「周りに美容院が1軒もない」のには、それなりの理由があるのです。

はっきり言ってしまえば、小野さんのビジネス的な思考はあまり、賢いとはいえません。もともと彼女が勤めていた店のオーナーもさぞかし、苦労したことでしょう。

しかし、「あまり深く考えずに動く」という彼女の行動力は、組織を離れて個人として働きだした瞬間、強烈な武器になりました。

誰かに雇われて、使われるという立場では「ちょっとビジネス的な思考が足りなくて、使いづらい」と思われがちな人が、「個」になり「助けたい人のために必死に働く」という行動で示すと、「バイタリティあふれる熱い人」となる。

「評価する人」が変わるだけで、人の人生はこんなにも変わるのです。

渾身《こんしん》の「強み」を
断たれても、いくら
でも再生できる

順風満帆な中、突然、病魔が襲う

確固たる「強み」を持ち、最大限に発揮して活躍しているさなか、その強みを強制的にもがれるような出来事が起きたとしたらどうでしょう。

あなたなら立ち直れるでしょうか。

迫田《さこだ》恵子さんは、愛知県大府市で「ひとり美容室」を経営していました。完全予約制で、お客さまをひとりずつ丁寧に施術するヘアサロンです。

一般的な美容室のように、複数人のお客さまに対して同じ時間帯に施術することはできません。必然的に、売上額は一般的な美容室より落ちます。人気のヘアサロンでも、1カ月あたり100万円ほど売り上げるのがせいいっぱいといったところではないでしょうか。

しかし迫田さんは敏腕で、常時、1カ月あたり120万円ほどの売上をあげ続けていました。

秘訣《ひけつ》は、迫田さん独自の「顧客管理システム」にあります。

カルテには、お客さまの髪型や施術内容に関する情報だけでなく、お客さまの職業や生活スタイル、会話の内容まで逐一メモされています。次回の来店予定までを予測し、綿密な売上計画を立てていました。

ここまでの顧客管理システムをつくり上げている美容室は稀《まれ》です。安定して高い売上を維持できるのもうなずけます。

美容関係のディーラーからも売上優良店として注目されていて、講師としてほかの美容室に招かれるなど、大活躍をしていました。

ところが、ある日突然、迫田さんを病魔が襲います。

三半規管に異常をきたした迫田さんは、接客中に倒れ、救急車で病院に担ぎ込まれてしまったのです。

迫田さんはそのまま、平衡感覚と、片耳の聴力を失ってしまいます。**立ったまま髪の毛をまっすぐに切ることは二度とできなくなり、はさみを置かざるを得ない体になってしまいました。**

「ひとり美容室の家庭教師」として再起を果たす

すべてが順風満帆だったにもかかわらず、迫田さんは突如、店を閉めなければならない状況に追い込まれました。

しかしここから、彼女は再び立ち上がります。

自分が構築した顧客管理システムをはじめとする「ひとり美容室の経営ノウハウ」を、同業のひとり美容室に授ける「ひとり美容室の家庭教師」として生きる決意をしたのです。

しかし迫田さんはずっと美容師をしていたため、美容業のこと以外はわかりませんし、生徒を集める術も知りません。

そこで私の塾に入りました。「はさみを持たずに仕事をする」ことにどれだけのハンデキャップがあるかも重々理解していた彼女は、とにかく本気でした。その結果、私が全国で開催しているセミナーを合計15回も受講し、「強みの作り方」をとことん勉強したのでした。

美容師が「勉強する」といえば、髪の知識やカットの技術がほとんど。経営ノウハウを勉強し、自分のものにしている美容師はほとんどいません。

そこで迫田さんは、「なかなか売上を伸ばしにくいひとり美容室」を「お客さまに満足していただきつつ、しっかり儲かるひとり美容室」へと変身させる道に活路を見いだしたのでした。

今では、「ひとり美容室の家庭教師」としての年商が、自身がひとり美容室を営んでいたときの年商を超えるほどに成長しています。ちなみに迫田さんが経営する家庭教師の生徒はすべて「ブログを見て申し込んだ人」だけという「１００％ブログ集客」です。

自分の力が及ばないところで、突然、自分をピンチに追い込むような重大な事態が巻き起こる。生きていると、そのような事態に直面することもあります。

病気や事故もそうですし、世界を混乱させたコロナショックもそのひとつでしょう。

しかし、いかなる窮地に立たされても、「ミッション」「ビジョン」「パッション」を見失わない限り、いくらでも再生できる。迫田さんはそう教えてくれます。

おわりに

熱い想いを「見える化」し、「公表」しているか

「軸」を定める。
「過去」をさらけ出す。
「行動」で語る。
「逆境」を乗り越える。

本書を通して述べてきた4つのステップをたどれば、あなたは強みを見つけ、活かし、輝き続けることができます。

本書でご紹介した18人の「逆転」の物語。
一見、バラバラに思えたかもしれませんが、彼らにはある「共通点」があります。

「熱い想い」を、ブログや理念といったかたちで「見える化」し、「公表」していることです。

公表し共感してもらうと人生は一気に加速する

前著『2000人の崖っぷち経営者を再生させた　社長の鬼原則』（かんき出版）の中で私は、「人生が変わる7つのステップ」を紹介しました。

「ステップ1　熱い想い」「ステップ2　見える化」「ステップ3　公表」
「ステップ4　共感」「ステップ5　協力者」「ステップ6　覚悟」
「ステップ7　変化」

この7ステップすべてについて説明するのは、前著と重複するので割愛しますが、毎日ブログを更新したり、理念として示したりするのは、このうち**「ステップ2　見える化」**と**「ステップ3　公表」**にあたります。

「熱い想い」を持っている人はたくさんいます。

自分の思うようにならず、夜の飲み屋でグチったり、理想を語ったりする人も、会社のトイレでひとり悔し涙を流す人も、みんな熱い。

しかし多くの人は、その想いを、文章という「目に見えるかたち」で見える化していません。「想い」として自分の内に抱えたまま、ただただ燃えているだけです。

これでは、周りの人は「ああ、この人は熱い想いを持っているんだな」と察知することはできても、何をしたいのか、どうしたいのかまでを感じ取るのは難しい。「熱い想い」が、ただその場の怒りに任せて燃えているだけのものなのか、それとも本気で何かを実現しようとしている熱さなのか、判断がつかないからです。

「熱い想い」だからこそ、「冷静に」文章にまとめる。自分が紙に書いた文字や、画面に打ち込んだ文字を見て、「本当にこう考えているのか」「どこかがねじ曲がっていないか」と繰り返し考える。この「見える化」が重要です。そして、見える化した熱い想いを、ブログやSNSで「公表」する。すると、それを目にした人の中から、あなたの考えに「共感」する人が現れる。これが「協力者」です。

「熱い想い」を自分の内に秘めているだけでは、まだまだいつも通りの人生ですが、その熱い想いを「見える化」し「公表」することで、人生を変えるスピードは一気に加速していくのです。あなたは「熱い想い」を持っているでしょうか。ならばその想いを、見える化してみましょう。そして、公表してみましょう。

経済力だけでは前に進まない

人生を変えるための根幹をなすのは「熱い想い」です。

「想い」なくしては、何も始まりません。

私は人生における「想い」の大切さを述べるため、ひとつの理論を編み出しました。

「スーパーカー理論」です。

「理論」というほどの大層なものではないのかもしれませんが、まぁ、188ページの図をご覧になりながらお読みください。


スーパーカーの車体の前半分を思い浮かべてください。

真ん中はボディ。ここには前に進むためのエンジンが搭載されています。いわゆる社長自身です。

右前輪は「想い」、左前輪は「経済力」です。

人生は「想い」と「経済力」の両輪で進んでいきます。

しかし、生きていくうえで必要不可欠なのは「経済力」のほうです。お金がピンチになればなるほど、お金のことを考える時間が増える。これは中小零細弱小家業を営む人には顕著な傾向です。

ただ、「経済力」という左前輪ばかりが大きく膨らみ、「想い」という右前輪が小さくしぼみ続けるとどうなるか。エンジンは稼働していますから、車体は前に進もうとします。しかし、どんどん進むのは「経済力」という左前輪ばかりで、「想い」という右前輪はなかなか進まない。必然的に、車体は大きく右回りに回って、また元の位置に戻ってきます。

本来、前に進まないといけないスーパーカーが経費をかけて、お金を借りて、返済して、大山鳴動の末、結局は元の位置に戻ってきてしまうのです。

これが私の唱える「スーパーカー理論」です。

頑張っても頑張っても、いつまでも儲からないのは、これが原因です。

足りないのは「経済力」ではありません。もともと持っていたはずの「想い」のほうなのです。

昔は「『想い』なんてクソくらえ」と思っていた

かくいう私も、かつては「『想い』なんてクソくらえ」と考え、「想い」の大切さを唱える経営者をうざったく感じていました。「想い」で飯なんて食えんわ。本気でそう考えていたのです。

まだ20代後半～30代前半、洋服屋「TAI&GEE」をはじめ、多くの事業をガンガン回し、稼ぎまくっていたころのことです。

とにかく売って、売って、売りまくるんだ。さもなくば経費も給料も払えない。「お客さまのため」なんて生ぬるい。まずはワシのためじゃ――。

しかし、「お金」だけを見てがむしゃらに走った商売は、うまくいきませんでした。2000年代前半の不景気の波を受け、取引先である洋服メーカーや縫製工場が次々倒産。商品がまったく入らなくなり、私が経営する洋服屋の売上も激減します。やがて資金がショート。銀行や消費者金融からの借入のほか、ヤミ金にも手を染め、総額1億円の負債を抱えることになってしまったのです。

「想い」や「お客さま」を無視した経営を続けた私は、大きなしっぺ返しを食らったのでした。

一時は自殺まで考えました。

しかし同時期、私の経営者仲間が7人も、借金苦で自殺しました。私は彼らの葬儀に全て立ち会わせていただきましたが、どの葬儀も参列者が10名程度。なぜならば、死因が自殺だから多くの方に声をかけれなかったのです。その様子を見て「お前の人生、本当にこれで良かったのか？ こんなみすぼらしい終わり方をするために生まれてきたのか？」そう悔しい気持ちになりました。ただ自戒を込めるため厳しい言い方になりますが、もしかしたら、私と同じような「想い」のない経営者が淘汰《とうた》される時代だったのかもしれません。

私は一念発起しました。

「金のために命を絶つアホをなくす」べく、中小零細弱小家業専門の経営コンサルタントに転身。自身の体験から導き出した経営理論で、倒産・破産の危機にある「人生の崖っぷち」に立った人間を再生に導いています。

「想い」を軽んじてはいけません。

「想い」こそが、人生を成功に導く鍵を握っているのです。

最後まで本書をお読みいただき、ありがとうございました。

本書があなたの人生を変え、成功への一歩を踏み出す一助となれば、著者としてこれに勝る喜びはありません。

板坂 裕治郎

板坂 裕治郎（いたさか ゆうじろう）

1967年広島生まれ。

1990年、一般人が絶対に着ない服だけを扱う洋服屋「TAI＆GEE（広島弁で「かったるい」の意）」を創業。映画「ミナミの帝王」に衣装提供するなど、数多くの著名人に愛される。

その後、複数の飲食店を開業し、事業を拡大するが、仕入れ先の倒産がきっかけで資金がショート。銀行や消費者金融から借入のほか、ヤミ金にも手を染め総額1億円の負債を抱える。

一時は自殺まで考えたが、その時期に７人もの経営者仲間が借金苦で自殺したのを目の当たりにし一念発起。

「金のために命を絶つアホをなくす」べく中小零細弱小家業専門の経営コンサルタントに転身。自身の壮絶な体験から導き出した経営理論で、経営の危機にある多くのアホ社長を儲かる経営者に生まれ変わらせている。

実体験に基づいた、即役に立つノウハウと、厳しさと情熱、人情味あふれる指導は数多くの経営者から絶大な支持を集めている。現在では、ブログを活用して小さな会社の経営を蘇らせる「NJE理論」を指導するブログ講座を開催。これまで、2800人以上の社長が受講し、売上アップ、メディア出演による会社の認知度向上など多くの成果を上げている。自身も13年間毎日更新し続けるブログを通じて、多くのファンを魅了している。

2018年に発売した『2000人の崖っぷち経営者を再生させた社長の鬼原則』（かんき出版）は、発売前から重版するという異例のベストセラーとなっている。

編集協力／前田浩弥
ブックデザイン／萩原弦一郎（256）
イラスト／Koriko
校正／あかえんぴつ
DTP／エヴリ・シンク
Special Thanks／土井英司
編集／尾小山友香

日本一《にほんいち》わかりやすい
「強《つよ》みの作《つく》り方《かた》」の教科書《きょうかしょ》

2021年3月18日　初版発行

著者／板坂《いたさか》 裕治郎《ゆうじろう》

発行者／青柳 昌行

発行／株式会社KADOKAWA
〒102-8177　東京都千代田区富士見2-13-3
電話　0570-002-301(ナビダイヤル)

印刷所／大日本印刷株式会社

●お問い合わせ
https://www.kadokawa.co.jp/（「お問い合わせ」へお進みください）
※内容によっては、お答えできない場合があります。
※サポートは日本国内のみとさせていただきます。
※Japanese text only

定価はカバーに表示してあります。

ISBN 978-4-04-605184-4　C0030